바둑이

알면 이길 수 있다

2

이윤희의 포커 아카데미 시리즈

바둑이 알면 이길 수 있다 ❷ 〈로우바둑이〉 중급·고급편

1판 1쇄 발행 2019년 4월 30일
지은이 이윤희

펴낸이 배호진 | **펴낸곳** 도서출판 여백
주소 서울시 용산구 원효로 153, 8층 858호 [04363]
전화 02-798-2368 | **팩스** 02-6442-2296
이메일 ybbook1812@naver.com
출판등록 2018년 12월 18일 제 2002-000076호.

ISBN 979-11-966036-5-6 04690
ISBN 979-11-966036-3-2 04690 세트

이 도서의 국립중앙도서관 출판사도서목록(CIP)은 서지정보유통지원시스템 홈페이지(http://seoji.nl.go.kr)와
국가자료공동목록시스템(http://www.nl.go.kr/kolisnet)에서 이용하실 수 있습니다.
CIP제어번호 : CIP2019011869

이윤희의 포커 아카데미 시리즈

바둑이

알면 이길 수 있다

2

로우바둑이

중급 · 고급편

도서출판
여백

바둑이 알면 이길 수 있다 ❷

목차

중급편

010 ···· 3장 공갈편

011 ······ 1. 고수를 잡는 공갈, 하수를 잡는 공갈

018 ······ 2. 강한 집을 상대로 공갈을 시도하라

025 ······ 3. 나에게 공갈을 쳐서 판을 가져갈 수 있다면 누구든
　　　　　 축하해주겠다

030 ······ 4. 2컷 레이즈는 공갈이 없다

038 ······ 5. 고수의 공갈 요령

050 ···· 4장 게임에서 이기는 법

051 ······ 1. 레이즈를 한 판은 반드시 먹어야 한다는 생각을 버려라

058 ······ 2. 가장 앞에서 아침3컷에 아주 좋은 추라이가 맞았을
　　　　　 경우

063 ······ 3. 승부는 되지만 승부해서는 안 되는 상황

072 ······ 4. 6탑으로 많은 돈을 넘겨서는 고수가 될 수 없다

081 ······ 5. 패턴스테이로 큰돈을 이기려는 생각을 버려라

088 ······ 6. 중급자들의 고질병 : 멋을 부리는 플레이

099 ······ 7. 마지막 커트를 기대하는 사람과는 돈거래를 하지 마라

103 ······ 8. 아침에만 씩씩하라

112 ······ 9. 2컷, 3컷 스테이집을 상대로는 한 번만 밀어라

115 ······ 10. 안되는 날의 대표적인 현상

고급편

137 ···· **1장 7탑의 모든 것**
143 ····· 1. 여러분과 상대방이 같이 커트한 상황에서 여러분이
　　　　　　7탑이 맞았을 때
165 ····· 2. 여러분이 7탑으로 먼저 스테이를 하고 있고 상대가
　　　　　　커트를 한 상황일 때
170 ····· 3. 상대가 먼저 스테이를 하고 있는데 여러분이 7탑을
　　　　　　떴을 때

188 ···· **2장 고수로 가는 길**
189 ····· 1. 스테이를 많이 하는 사람이 이기는 게임
194 ····· 2. 2등을 하지 마라
201 ····· 3. 안되는 상대와의 승부를 피하라
205 ····· 4. 베팅 위치만 좋다면 신과도 승부한다
221 ····· 5. 하루에 두 번만 뜨면 대한민국 돈은 전부 내 것
226 ····· 6. 상대의 스타일과 실력을 파악하는 방법
235 ····· 7. 가장 큰 적은 바로 자기 자신
242 ····· 8. 안되는 날 적게 잃는 사람이 진정한 실력자

248 ···· **책을 끝내면서**

‖ **부록** ‖
044 ···· 포커상식7 로우바둑이게임 3타임에서 아침탑으로 끝까
　　　　　　지 갔을 때 메이드를 잡을 확률
123 ···· 포커상식8 여러 가지 바둑이게임 소개
183 ···· 포커상식9 드로우포커, 스터드포커
244 ···· 포커상식10 텍사스홀덤

BADUGI

046 ···· 로우바둑이게임 문제8 당신은 이때 어떻게 하시겠습니까?

086 ···· 로우바둑이게임 문제9 당신은 이때 어떻게 하시겠습니까?

130 ···· 로우바둑이게임 문제10 당신은 이때 어떻게 하시겠습니까?

185 ···· 로우바둑이게임 문제11 당신은 이때 어떻게 하시겠습니까?

213 ···· 로우바둑이게임 문제12 당신은 이때 어떻게 하시겠습니까?

252 ···· 바둑이게임 용어

바둑이 알면 이길 수 있다
목차

004 ···· **저자의 말**
012 ···· **이론에 앞서**
016 ···· **바둑이게임이란?**

초급편

024 ···· **1장 초이스의 기본**
025 ······ 1. 사람 수와 베팅 위치에 따라 초이스가 달라져야 한다
027 ······ 2. 좋은 추라이만을 고집하지 마라
029 ······ 3. ㉮ 따고 있을 때의 초이스 방법, ㉯ 잃고 있을 때의 초
　　　　　　　이스 방법
030 ······ 4. 메이드를 노릴 것이냐, 추라이를 노릴 것이냐
037 ······ 5. 7을 가지고 가는 2컷은 없다
040 ······ 6. 2컷 메이드는 하늘이 주는 행운이다

050 ···· **2장 베팅의 요령**
050 ······ 1. 아침커트 전, 추라이가 아주 좋을 때의 베팅 요령
052 ······ 2. 아주 좋을 때는 뒷집을 달아라
054 ······ 3. 뒷집을 달지 말아야 할 때
062 ······ 4. 마지막에도 자신 있게 베팅하라
063 ······ 5. 마지막 베팅에서의 8탑 메이드
066 ······ 6. 좋은 베팅 위치에서 큰 승부를 만들어라

073 ···· **3장 공갈의 정석**
074 ······ 1. 아침커트에서 무조건 한 장을 바꾼 뒤 스테이를 하라
075 ······ 2. 상대의 스타일을 잘 파악한 후에 공갈을 시도해야 한다

076 ...... 3. 잡히기 위한 공갈을 시도하라

082 ...... 4. 상대가 미리 스테이를 했을 때, 마지막에 베팅을 하
고 나오는 비율을 체크하라

083 ...... 5. 추라이가 좋을 때는 공갈을 시도하지 않는다

084 ...... 6. 코앞에서 레이즈를 하는 것은 좋은 카드가 아니다

085 ...... 7. 밀어내기에는 밀려줘라

093 ···· 4장 게임 운영법

094 ...... 1. A-2-3 추라이는 K탑에게 진다

096 ...... 2. 패턴스테이를 즐기지 마라

097 ...... 3. 자신이 딜러를 하는 판에 승부를 걸어라

098 ...... 4. 많이 죽을수록 승률은 올라간다

103 ...... 5. 좋은 패는 딜러가 주지만 이기는 패는 자신이 만든다

107 ...... 6. 상대의 플레이를 부러워하지 마라

116 ...... 7. 베트콩 또는 람보 스타일과 만났을 때의 대응 방법

122 ...... 8. 가장 위험한 카드는 패턴 8탑

129 ...... 9. 돈을 버릴 줄 알아라

134 ...... 10. 마지막 커트는 없다고 생각하라

136 ...... 11. 되는 날 승부하라

중급편

157 ··· 1장 초이스편

158 ...... 1. 3-4-8과 4-5-8의 차이

162 ...... 2. 패턴 2-3-4-10

166 ...... 3. A-2가 6추라이 보다 좋다

170 ...... 4. 2컷이 잘되는 날은 2컷으로 가라

175 ...... 5. 가장 어려운 카드 A-2-7

185 ···· **2장 베팅편**

186 ······ 1. 고수들의 베팅 요령

193 ······ 2. 상대의 돈에 따른 베팅 요령

201 ······ 3. A-2-5 추라이를 가지고 있을 때

207 ······ 4. A-2-3 추라이로 가장 앞에 있을 때

210 ······ 5. 베팅 위치가 좋을 때는 상대의 베팅을 유도하라

217 ······ 6. 의무감을 가지고 베팅하지 마라

223 ······ 7. 가장 앞에서 아침2컷에 좋은 족보가 맞았을 경우

‖ **부록** ‖

044 ···· 포커상식1 로우바둑이게임 게임 진행 방법

069 ···· 포커상식2 로우바둑이게임 족보

089 ···· 포커상식3 로우바둑이게임과 세븐오디게임의 족보 비교

147 ···· 포커상식4 로우바둑이게임 10계명

180 ···· 포커상식5 로우바둑이게임 3타임에서 각각의 족보를 잡
          을 확률

228 ···· 포커상식6 포커게임에서 사용하는 베팅 룰

047 ···· 로우바둑이게임 문제1 당신은 이때 어떻게 하시겠습니까?

071 ···· 로우바둑이게임 문제2 당신은 이때 어떻게 하시겠습니까?

091 ···· 로우바둑이게임 문제3 당신은 이때 어떻게 하시겠습니까?

114 ···· 로우바둑이게임 문제4 당신은 이때 어떻게 하시겠습니까?

151 ···· 로우바둑이게임 문제5 당신은 이때 어떻게 하시겠습니까?

183 ···· 로우바둑이게임 문제6 당신은 이때 어떻게 하시겠습니까?

235 ···· 로우바둑이게임 문제7 당신은 이때 어떻게 하시겠습니까?

142 ···· 포커, 머리 좋은 사람만 잘 할 수 있는 게임일까?

239 ···· 로우바둑이게임 용어

BADUGI

3장 공갈편

세계 최고의 포커축제인 WSOP World Series Of Poker에서 11회, 12회를 연속으로 우승한 전설적인 승부사 스튜 엉거 Stu Ungar는 수많은 플레이어가 인정하는 최고의 갬블러다. 또한, 이미 고인이 된 스튜 엉거를 기려 영화 〈High Roller〉를 만들 정도로 미국인들의 사랑을 받았던 인물이기도 하다. 스튜 엉거는 포커의 매력에 대해,

"공갈이 있기에 나는 포커를 최고의 게임으로 주저 없이 꼽는다. 포커에 공갈이 없었다면 나는 이처럼 포커에 빠져들지 않았을 것이다."

라며 포커게임에서 공갈의 매력을 강조했다. 그리고 실제로도 공갈을 빼놓고는 포커게임을 논할 수가 없을 만큼 실제로 공갈이 포커게임에서 차지하는 비중은 엄청나다.

마술과도 같이 순식간에 상대의 승리를 빼앗아 오는 공갈. 그렇다면 로우바둑이게임에서의 공갈, 그 정체는 과연 무엇일까?

1. 고수를 잡는 공갈, 하수를 잡는 공갈

지고 있는 패로 상대를 누르고 승리를 쟁취하는 공갈의 매력은 포커 플레이어라면 누구라도 반하지 않을 수 없을 만큼 자극적이다.

공갈을 시도할 때는 베팅 위치, 상대의 스타일, 커트 수, 자금 상황, 게임 분위기 등 많은 여러 가지 주변 상황을 염두에 두고, 그것을 종합적으로 판단해야 조금이라도 성공률을 높일 수 있다는 사실은 이미 언급한 바 있다.

여러분과 상대가 모두 커트를 하는 상황이라면 이때는 고금에서부터 전해 내려오는 오직 한 가지, 탑(한 장)을 커트하고 나서 강하게 베팅이나 레이즈를 하고 스테이를 누르는 방법이다. 이 방법이 아주 쉬우면서도 효과가 꽤 높다는 사실은 실전에서 경험해보면 바로 느낄 수 있다. 그리고 이 방법은 하수에게든 고수에게든 꽤 높은 효과가 있지만, 너무 자주 사용해서는 안 된다는 점을 명심해야 한다.

공갈의 성공을 위한 여러 가지 요소 중 가장 중요한 사항 한 가지는, 바로 여러분이 공갈을 시도하려는 상대가 하수냐 고수냐 하는 점이다. 즉, 그 상대가 하수일 때와 고수일 때에 따라 공갈 시도 방법이 완전히 달라져야 한다는 것이다.

첫째, 하수를 상대로 공갈을 시도할 때

여러분이 공갈을 시도할 대상이 하수일 경우에는 그가 패턴스테이든, 탑 스테이든, 2컷 스테이든 아무튼 스테이를 하고 있을 때는 공갈의 시기로 잡지 않는 것이 좋다.

하수들은 거의가 A-2-3으로는(상대가 스테이를 하고 있으면) 마지막까지 메이드를 만들려고 시도해보다가 못 뜨면 숨도 안 쉬고 죽는다. 또한 하수들은 메이드가 되면 그것이 J탑이든, Q탑이든 끝까지 죽으려 하지 않는다. 참으로 이해하기 힘든 부분인데, 어느 곳의 로우바둑이게임장을 가봐도 하수들에게서 공통적으로 나타나는 현상이다. 그렇기에 하수들이 스테이를 하고 있을 때는(패턴스테이든, 2~3컷 스테이든) 공갈로 죽이려는 생각을 아예 버리라는 것이다.

이러한 사실을 모른 채 간혹 하수들이 패턴이나 2~3컷으로 스테이를 했을 때 만만히 보고 공갈을 시도하는 사람들이 있는데, 이것은 득보다 실이 많은 위험한 플레이임을 이제는 깨달아야 한다.

그렇기에 하수를 상대로 공갈을 시도할 때는, 하수가 커트를 하는 상황에서 여러분이 강한 베팅이나 레이즈를 한 후 스테이하는 방법이 아주 효과적이다. 하수들은 마지막에 메이드를 완성시키지 못하는 한, 스테이집을 상대로는 아무리 추라이가 좋아도 콜을 하고 확인하는 플레이를 하지 않기 때문이다.

　이처럼 하수들의 특성은 '메이드는 아무리 나빠도 마지막 베팅까지 잘 죽지 않고, 추라이는 아무리 좋아도 마지막 베팅에서는 죽는다'라고 간단히 요약할 수 있다.

둘째, 고수를 상대로 공갈을 시도할 때

　그렇다면 고수를 상대로 공갈을 시도하려면 어떻게 해야 할까?

　이 부분에 대해 필자는 기본적으로 '고수를 상대로는 공갈을 시도하려는 생각은 가지지 마라'고 권하고 싶다. 어찌 됐든 고수라는 말을 들을 수준이라면 여러 가지 실력을 갖추고 있는 것이기 때문에 이런 고수를 상대로 공갈을 시도한다는 것은 권할 일은 아니라는 뜻이다. 하지만 게임을 하다보면 사람인 이상 누구나가 승부욕을 느끼고, 공갈 대상이 고수일지라도 시도해보고 싶은 욕망을 느낄 때가 생길 수 있다.

　그러면 고수를 상대로는 어떤 공갈을 시도해야 할까?

　대한민국 어느 곳을 가보아도 일류 고수들은 거의 비슷한 한 가지 공통점을 가지고 있다. 그것은 불확실한 상황에서 큰 모험을 하려고 하지 않는다는 점이다. 그리고 고수들의 이러한 성향은 당연하다고도 할 수 있다. 고수들은 한두 번의 불확실한 상황에서 큰 승부를 내지 않아도 시간이 지나면 얼마든지 이길 수 있다는 자신감을 가지고 있기 때문이다.

예를 들면,

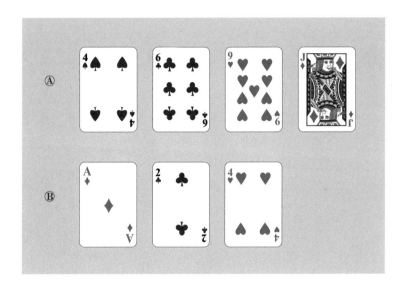

그림에서 보듯 Ⓐ는 패턴 J탑이고 Ⓑ는 4추라이다. 이런 상황에서 Ⓐ와 Ⓑ 사이에 승부가 붙었다고 가정하자.

이때 하수라면 본인이 Ⓐ를 가지고 있든, Ⓑ를 가지고 있든 두려워하지 않고 승부를 하는 경향이 강하다. 즉, 아침커트도 하기 전에 자기 앞에 있는 돈을 다 집어넣고 승부를 하자고 했을 때, Ⓐ와 Ⓑ 두 가지의 패를 눈으로 봤다고 하더라도 하수들은 어느 쪽이든 해볼 만한 승부라고 판단하고 덤벼들 수 있다는 이야기다. 그리고 실제 승률도 거의 50 : 50에 가깝다 (Ⓑ가 J탑까지 뜨면 이긴다).

물론, 하수들이라고 해서 이런 승부를 모두 다 즐긴다는 것은 결코 아니다. 단지 하수들은 어차피 실력이 부족하기 때문에 고수를 상대로는 차라리 이런 승부를 하는 게 훨씬 더 승률이 높다. 따라서 하수의 입장에서는 마다하지 않을 승부라는 의미다.

그러나 만약 일류 고수들에게 앞의 Ⓐ와 Ⓑ, 어느 쪽이든 선택하고 앞에 있는 돈을 다 집어넣고 승부하자고 한다면 열 명 중 아홉 명은 하지 않으리라고 필자는 단언한다. 고수의 입장에서는 50% 승부에 모든 것을 건다는 것은 아주 특별한 경우가 아니라면 받아들이기 힘든 조건이다. 달리 표현하면 가진 돈을 전부 걸고 홀짝으로 승부하는 것을 고수들이 좋아할 리 만무하다는 것이다. 고수들은 이런 모험을 하지 않고도 시간이 지나면 실력으로 얼마든지 이길 수 있다고 생각하기 때문이다.

♥ 고수들일수록 레이즈를 맞으면 콜을 못한다

바로 이러한 성향에서 고수들을 상대로 한 공감 요령을 찾아야 한다.

고수들은 한결같이 자신이 베팅이나 레이즈를 주도하며 모든 승부를 만들어가고 싶어 한다. 그래서 고수들은 반대로 레이즈를 맞는 것을 몹시 괴로워한다. 어찌 됐든 레이즈를 맞는다는 것은 그 상황에서 상대에게 지고 있을 확률이 높기에, 자신이 이기려면 그때부터 역전을 해야 하는 상황이라고 봐야 한다. 그런데 고수들은 체질적으로 자신이 역전해야 하는 승부를 즐기지 않는다. 역전을 하는 것이 얼마나 힘든지를 너무나 잘 알고 있기 때문이다.

따라서 고수들에게 레이즈를 하는 것은 엄청난 효과가 있으며, 여기서 고수들을 상대로 하는 공감의 요령을 찾을 수 있다. 그것은 바로 '고수들은 레이즈를 맞으면 힘을 못쓴다'라는 점이다. 즉, 고수들에게는 레이즈를 하는 그 자체가 좋은 공감의 수단이 된다는 뜻이다.

물론, 기본적으로 고수를 상대로 공갈을 시도하는 것은 위험한 생각이다. 하지만 그렇다고 해서 고수들과 게임을 할 때 콜만 하며 따라다니는 식의 운영만 해서는 더더욱 고수들의 의도대로 게임이 진행될 수밖에 없다.

그렇기에 간혹 한 번씩이라도 흔들어보는 것이 필요하며, 그랬을 때 '고수들은 레이즈를 맞으면 힘을 못 쓴다'라는 사실을 머릿속에 입력시켜 두고 있으라는 이야기다.

♥ 고수들이 가장 싫어하는 것은 탑 스테이를 한 상황에서 레이즈를 맞는 것

고수들일수록 레이즈를 맞으면 힘을 못 쓴다고 했는데, 그중에서도 가장 싫어하는 상황은 바로 자신이 탑 스테이를 하고 있는 상황에서 레이즈를 맞는 것이다. 특히, 어느 정도 이상 큰판에서 아침에 탑(한 장)을 바꿔 8탑 정도로 메이드를 시켜놓고 점심때 베팅을 했는데 탑(한 장)을 바꾼 상대가 레이즈를 한다면 이것은 참으로 괴로운 상황이다. 죽으려니 아깝고, 계속 받으려니 큰 부담이 따르기 때문이다.

레이즈를 한 상대의 패가 뭔지는 확실히 모르지만, 탑 스테이집을 대상으로 레이즈를 했다는 것은 공갈이 아니라면 8탑으로는 쉽지 않은 승부가 분명하다. 그렇기에 이때의 선택은 상대의 레이즈가 공갈이냐 아니냐로 판단하는 수밖에 없는데, 기본적으로 탑 스테이집을 대상으로 공갈을 시도하기는 어렵다는 면을 생각했을 때 상황은 점점 더 어려워진다. 그래서 고수들은 판이 어느 정도 이상 커진 상태에서 이런 상황을 맞아하면 '부담이 너무 크고 상황이 불확실하니 무리한 승부는 하지말자'

라는 식으로 스스로를 달래며 패를 꺾는 일이 자주 발생한다.

하수라면 상상도 할 수 없는 일이기에 혹자는 "무슨 말도 안 되는 소리야. 8탑으로 어떻게 죽어?"라고 부정하시는 분이 있을지도 모르겠다. 하지만 탑 스테이집을 상대로 레이즈를 하고, 그 레이즈가 다음에도 이어진다면 공갈이 아닌 한 90% 이상 8탑으로는 못 이긴다고 필자는 장담한다.

지금 이야기한 8탑과 같은 경우는 평범한 판이라면 레이즈를 맞았을 때 아무도 바로 죽지는 않을 것이다. 그러나 9탑 이상 정도라면 고수들은 거의 카드를 던질 것이 확실하다고 봐도 무방하다. 탑 스테이집을 감안하고 레이즈를 한 것이기 때문이다. 하지만 8탑도 판이 일정 이상 커져 있는 큰 승부라면 실력이 좋은 일류일수록 더욱 못 받을 확률이 높다고 확신한다. 그리고 실제로도 그러한 상황에서 콜을 하고 그 후 상대역시 스테이를 하며 계속 베팅을 하는데 끝까지 콜을 한다면 그것은 이미 일류라는 소리를 들을 정도의 고수가 아니라고 봐야 한다. 상황상 지나친 무리라는 뜻이다. 그렇기에 이런 상황은 8탑을 가지고 죽은 사람의 선택이 잘못된 것이 아니라 탑 스테이집을 상대로 그런 과감한 공갈을 시도한 사람의 레이즈가 멋진 플레이라고 봐야 한다.

이처럼 고수들을 상대로는 언제든 레이즈를 한다는 그 자체로서 상당히 높은 성공률을 보장해준다는 사실을 잊지 말기 바란다. 아울러 그중에서도 특히,

첫째, 판이 어느 정도 이상 커져 있고

둘째, 고수가 탑 스테이를 했을 때

이 두 가지 상황이 맞아 있을 때라면 더욱 좋은 기회다. 여기에 한 가지

더, 여러분의 베팅 위치마저 좋다면 더더욱 좋은 찬스라 할 수 있으리라.

2. 강한 집을 상대로 공갈을 시도하라

공갈의 매력은 사람이라면 누구나 마음속에 조금씩은 느끼고 있는 본능이다.

그리고 공갈 한 번의 결과에 의해 그때까지 잘하고 있던 사람이 갑자기 흥분해 무너지기도 하고, 멋진 공갈의 성공에 의해 기세를 타고 승승장구 하는 경우는 흔히 볼 수 있는 현상이다. 150여 가지의 포커게임 종류 중 공갈의 위력이 가장 큰 게임이 바로 로우바둑이게임임을 감안할 때 로우바둑이게임에서의 공갈의 의미는 더욱더 각별하다. 그래서 로우바둑이게임을 가리켜 공갈의 게임이라고 하는 것이다.

로우바둑이게임의 수많은 공갈 이론 중, 이번 단락에서는 시도하기 어렵지만 큰 효과가 있는 공갈의 요령에 대해 설명하도록 하겠다.

♥ 한사람에게만 좋은 패가 이어지지 않는다

로우바둑이게임을 하다 보면 매 판마다 어느 누군가 제일 강한 모습을 보이는 사람이 있기 마련이다. 그리고 대부분의 경우 특정 인물이 그 횟수를 상당히 많이 차지하는 것이 보통이다. 그런데 어느 특정 인물이 예를 들어, 열 판 중 네다섯 판 정도를 리드한다면, 이 사람은 분명 거친 베팅 스타일일 것이다. 특정한 사람에게 패가 계속 잘 들어가는 것이 아니라면 이것은 너무도 당연하다.

그리고 대부분 판을 주도하고 리드하는 사람은 그 테이블에서 가장 앞서는 실력을 가지고 있을 가능성이 크다고 봐야 한다. 그렇지 않고서는 계속해서 판을 리드하고 주도하는 것이 쉽지 않기 때문이다. 그랬을 경우 여러분이 공갈을 시도하는 대상으로 이러한 사람을 포함해 그때그때 강한 모습을 보이는 사람을 상대로 공갈을 시도해 보면 상당히 효과가 크다는 사실을 느낄 수 있을 것이다. 강한 모습을 보이는 상대에게 공갈을 시도하면 오히려 여러분이 더욱 강해 보이기 때문이다.

다시 말해 상대가 모두 약한 모습을 보이고 있을 때 공갈을 시도하면 누구라도 '모두 빌빌거리니까 공갈로 밀어내려는 거 아니야?'라는 생각을 가지게 될 확률이 높다. 하지만 강한 모습을 보이는데 거기에 맞서 더 강한 모습을 보인다면 이것은 누구든 공갈로 보기 힘든 상황이라는 뜻이다.

그래서 상대가 레이즈를 맞고 바로 죽으면 여러분의 승리가 되는 것이고, 상대가 레이즈를 맞고도 콜을 하고 탑을 바꾼다면 여러분은 당연히 스테이를 하고 끝까지 밀어붙여야 한다. 만약 상대가 콜을 하고 스테이를 하든지, 상대에게서 재차 레이즈가 나온다면 이때는 더 이상 무리하지 말고 잠시 고민하는 척하다가 꼬리를 내리면 된다.

♥ '실패해도 좋고, 상황이 여의치 않으면 바로 포기한다'라고 편안하게 생각하라

여기서 한 가지 여러분이 유념해야 할 점은 처음부터 강한 모습을 보이며 베팅을 하고 나오는 사람이 어떤 스타일이냐 하는 점을 잘 파악해 공갈의 시도 여부를 판단해야 한다는 부분이다. 즉, 아침커트 전에 강한

모습을 보이며 베팅을 하고 나왔던 사람이 아침에는 안 맞아도 계속 베팅하고 나오지만 점심때는 안 맞으면 체크를 한다든지, 그렇지 않은지 등등을 감안해 시기를 잘 선택해야 한다는 점이다.

사람들의 특성상 뒤에 탑(한 장)을 커트한 상대가 있을 때는 메이드가 되지 않으면 무조건 체크를 하는 스타일도 있고, 뒤에 탑을 커트한 상대가 있어도 자기 추라이가 어느 정도 좋든지, 그게 아니라면 반공갈성 베팅으로 밀고 나오는 스타일도 얼마든지 있기 때문이다. 그래서 이러한 상대들의 특성을 나름대로 파악해 적당한 시기를 봐서 레이즈를 하며 공갈을 시도하면 꽤 높은 적중률과 짭짤한 소득을 여러분에게 선물할 것이다.

이처럼 상대의 특성을 잘 파악한 후 적당한 시기를 잡아 공갈을 시도한다면 성공률을 조금이라도 높일 수 있는 것은 틀림없는 사실이다. 하지만 아무리 좋은 시기를 잡아 시도하더라도 공갈이란 언제든 성공할 수도 있고, 실패할 수도 있다는 점을 잊어서는 안 된다. 그렇기에 반복되는 이야기지만, 공갈을 시도할 때 여러분이 가장 먼저 가져야 할 생각은 '실패해도 좋고, 상황이 여의치 않으면 바로 포기한다'라는 식의 편안한 마음가짐이다. 이러한 마음가짐만 가지고 있으면 한결 편안하고 수월하게 공갈을 시도할 수 있다.

물론, 그렇다고 해서 너무 자주 공갈을 시도해서는 안 된다. 간혹 한번씩 좋은 찬스가 왔다고 생각하거나, 또는 게임의 흐름을 한번 바꿔보고 싶다거나 하는 식의 기분이 들 때 주저하지 말고 자신 있게 시도하라는 것이다. 설혹 그 공갈이 실패하더라도 항상 밑밥효과를 준다는 사실을 염두에 두고, 아무런 소용없이 버린 돈은 결코 아니라는 신념을 가지고서 말이다.

♥ 탑 스테이집을 상대로 공감을 시도하라

지금까지 강한 모습을 보이는 상대로 공감을 시도하라고 했는데, 그럼 이번에는 그와 비슷하지만 약간 의미가 다른 케이스를 보도록 하자.

어느 곳의 로우바둑이게임을 가보아도 패턴스테이집이나 3컷 스테이집을 상대로는 너도나도 공감을 시도하려는 기회를 노리고 있는 것이 보통이다. 반대로 탑 스테이집을 상대로는 거의 공감을 시도하려는 엄두를 내지 않는다. 물론 표면적으로 볼 때는 너무도 당연한 현상이다. 어찌 됐든 탑 스테이는 좋은 족보가 나올 확률이 3컷 스테이나 패턴스테이에 비해 훨씬 높기 때문이다. 하지만 뒤집어서 생각해보면 바로 이러한 점이 공감의 성공률을 높이는 면으로 작용할 수 있다는 점도 한 번쯤은 음미해볼 필요가 있다(이 부분은 바로 앞의 고수를 잡는 공감편에서 언급했던 이론과 맥락이 비슷한 이야기다).

3컷, 또는 패턴스테이를 한 사람들은 실제로 좋은 족보를 가지고 있을 확률이 떨어지는 반면, 상대들이 만만하게 보고 호시탐탐 공감을 시도하려고 노리고 있다는 점 또한 잘 알고 있다. 그렇기에 본인 스스로 모든 신경을 곤두세우고,

'3컷(또는 패턴)이라 만만하게 보고 저게 공감을 시도하는 거 아냐?'

라는 식의 생각을 하게 된다. 그리고 경우에 따라서 3컷이나 패턴에도 8탑, 7탑(또는 그 이하) 등의 좋은 카드가 있을 수도 있기 때문에 3컷이나 패턴스테이집을 상대로 공감을 시도하는 것 또한 적지 않은 암초가

있다.

이러한 면에서 볼 때 탑 스테이집은 어떨까?

좀 전에도 언급했듯이 거의 대부분 탑 스테이집을 상대로는 공갈을 잘 시도하지 않으려 하기 때문에 대부분 탑 스테이를 하고 있는데 상대에게서 레이즈를 맞으면 일단 '저거 공갈 아니야?'라는 생각은 별로 하지 않게 된다.

'진짜 잘 맞은 거야? 아니면 적당히 맞은 걸로 건드려보는 거야?'

이 두 가지를 놓고 고민하게 되는 것이 일반적인 사람들의 공통된 순간 대응이다. 그리고 이러한 생각은 시간이 지날수록 점차,

'설마 탑 스테이집을 상대로 어정쩡한 카드로 빠꾸를 치겠어?'

라는 쪽으로 기울게 되는 것이 보통이다. 이처럼 탑 스테이집을 상대로 한 레이즈는 생각보다 위력이 크다. 이렇게 된다면 탑 스테이집을 상대로 공갈을 시도하는 것도 상당히 높은 성공률을 가지고 있지 않을까?

탑 스테이집이 좋지 않은 족보로 맞아 있다면 이 작전은 거의 90% 이상의 적중률을 가질 수 있다고 해도 과언이 아니다. 문제는 탑 스테이집이 괜찮은 족보를 가지고 있을 때인데, 그렇다면 과연 레이즈를 맞고도 버틸 수 있는 탑 스테이집 족보는 어느 정도 선일까?

♥ 탑 스테이집이 9탑 이상이면 여러분의 승리

이 부분에 대해서는 판의 분위기와 크기, 상대들의 스타일 등 여러 가지 변수를 감안해야겠지만, 일반적인 평범한 경우를 예로 들자면 탑 스테이집이 9탑이라면 거의 80% 이상 승부를 포기한다고 보면 된다. 만

약 8탑이라면 20~30% 정도가 승부를 포기한다고 봐도 큰 차이가 없을 것이다. 만약 7탑이라면 어떨까? 이때는 아주 큰판이 아닌 한 거의 95% 이상 승부를 할 것이다(6이 달린 7탑이라면 90% 정도).

탑 스테이집이 9탑~K탑이라면 여러분의 공갈이 성공할 가능성이 상당히 높다고 볼 수 있으며, 9탑~K탑은 상대가 탑을 바꿔 메이드가 됐을 때 산술적으로 정확히 50%의 확률이다(메이드는 4탑부터 K탑까지 있으므로).

물론, 이때 K탑이나 Q탑 등으로 메이드가 되면 애초부터 바꿀 수도 있기에 50%라는 확률이 100% 정확한 수치라고 할 수는 없다. 하지만 탑(한 장)을 바꿔서 메이드가 됐을 경우에는 대부분의 사람이 K탑이든 Q탑이든 웬만하면 스테이를 한다(A-2-3, A-2-4 등의 아주 좋은 추라이가 아닌 한)는 점과, 또 한 가지 상대의 탑 스테이가 공갈일 가능성까지 염두에 둔다면 50%라는 수치가 지나친 억지는 아니다.

성공 가능성이 50% 정도라면 충분히 시도해볼 만하지 않겠는가?

예를 들어, 하프베팅의 룰에서 상대가 50을 치고 나왔는데(그렇다면 이미 쌓여 있던 판돈은 100) 여러분이 레이즈를 하며 공갈을 시도한다면 '50 받고 100 더'가 된다. 총 150을 투자하는 것이다. 그랬을 때 여러분이 이기면 가져올 수 있는 돈은 얼마일까?

· 50(상대가 치고 나온 금액) + 100(이미 쌓여 있던 판돈) = 150

이것 역시 정확히 150이다. 그렇다면 150을 투자해 150을 얻는 것인데, 가능성이 50% 정도라면 수치상으로만 봐도 전혀 손해가 없는 장사다. 거기에 수치로는 따질 수 없는 밑밥효과, 게임의 주도권 장악 등등 부수적으로 따라오는 효과까지 생각한다면 누가 봐도 해볼 만한 투자 방법이 아니겠는가?

거기에 상대가 좋은 카드를 가지고 있어 콜을 한 후 스테이를 하면, 여러분이 다시 커트를 해서 마지막 기회를 노려볼 수 있는 가능성도 포함한다면 조금이라도 득이 있는 투자가 틀림없다.

물론, 이러한 방법 역시 자주 시도해서는 안 된다. 다만 필자가 이야기하는 것은 탑 스테이집이라고 공갈의 시도 대상에서 무조건 제외시킬 필요는 없다는 뜻이다. 아니 오히려 더 효과적인 공갈의 대상이 될 수도 있다는 점을 염두에 두라는 이야기다. 그리고 이때 명심해야 할 것은 탑 스테이집에서 재차 레이즈가 나오면 숨도 안 쉬고 카드를 던져야 하며, 만약 탑 스테이집이 콜을 하고 스테이를 한다면 여러분은(같이 스테이를 하고 밀어내기를 하려는 생각은 절대 가지지 말고) 바로 꼬리를 내리고 커트를 해서 원하는 패가 들어오지 않으면 기권해야 한다는 점이다.

그렇다면 어떤 사람이 탑 스테이를 하고 있을 때 더욱 효과적인 방법이 될 수 있을까?

잘 안 죽고 콜을 잘하는 속칭 '껌', '탱크' 스타일의 사람을 상대로 공갈을 시도하는 것은 위험성이 크다고 이미 밝힌 바 있다. 그렇기에 기본적으로 그러한 스타일의 상대를 피한 후,

'하수가 탑 스테이를 하고 있을 때는 공갈로 죽이려 하지 마라. 고수들일수록 탑 스테이를 하고 있다가 레이즈를 맞으면 콜을 못한다.'

라는 말로 대답하겠다. 모쪼록 지금의 이 이론을 잘 숙지하여 실패할 것

을 미리 두려워하지 말고, 공갈을 시도할 좋은 기회를 잘 이용할 수 있는
자신감을 가질 수 있기 바란다.

3. 나에게 공갈을 쳐서 판을 가져갈 수 있다면 누구든 축하해주겠다

30년이 훨씬 넘는 오랜 세월 동안 필자가 만났던 수많은 승부사 중에
서 로우바둑이게임의 최고수를 꼽으라고 한다면 주저 없이 신촌의 S를
들고 싶다. S에 관한 일화와 명승부를 말하자면 끝이 없을 정도지만, 자
세한 이야기는 다음으로 미루고 여기서는 '사기도박으로도 S를 못 잡는
다'라고 말할 정도의 실력자였다는 것만 밝혀둔다.

오래전 이야기지만 필자와도 여러 차례 승부를 했던 인물이었는데, 필
자보다 두 살이 많았던 S는 로우바둑이게임 실력만큼이나 매너도 좋고,
괴팍한 행동으로 한 시대를 풍미했던 멋진 갬블러였다.

S는 항상 "나에게 공갈을 쳐서 판을 가져갈 수 있다면 누구든 축하해
주겠다"라며 공갈에 당하는 것을 아쉬워하지 말라고 강조했다. 이 말
만 봐도 S가 자신의 실력에 얼마나 강한 자신감을 가지고 있었는지 충
분히 느껴지리라 생각한다.

아무튼 S는 보통 사람들이 흉내조차 내기 어려운 절묘한 공갈로 상대
를 무너뜨리고 수없이 승리를 차지해온 공갈베팅의 예술가였던 반면, 자
신 또한 상대의 공갈에 수없이 당했다고 주저 없이 말했다. 그리고는 자
신이 공갈에 당할 때마다 억울해하기보다는 "베팅이 좋았다. 누구라도

콜을 못할 상황"이라며 상대의 플레이를 칭찬했다. 그리고는 "카드를 알고 치는 게 아닌데 어떻게 공갈을 정확하게 체포하느냐?"며 공갈에 당하는 것은 당연하다고 말하곤 했다.

♥ 공갈 체포는 불확실한 가능성을 추측하는 것일 뿐이다

어떤 종류의 포커게임에서든 상대의 공갈을 100% 잡아낸다는 것은 있을 수 없는 일이다. 다만 그때그때의 여러 가지 상황을 종합적으로 판단해,

'지금은 죽어도 못 죽어.'

'이번엔 왠지 냄새가……'

'이판은 져도 확인이야.'

라는 식으로 불확실한 가능성을 추측하는 것이다. 그랬을 때 고수일수록 그 추측이 맞을 가능성이 조금 더 높게 나타나는 것뿐이다. 그만큼 상대의 공갈을 체포하는 것은 쉽지 않은 일이다. 그런데 로우바둑이게임을 배운 지 얼마 되지 않은 중급자일수록 상대의 공갈에 한두 번 당하는 것을 용납하려 하지 않으니 안타까운 일이다.

이러한 현상은 하수는 물론, 어느 정도 수준에 이른 중급자 이상의 사람들에게서도 꽤 많이 나타난다. 게임을 잘해오다가 공갈에 한두 번 당하고 나서는 순식간에 다른 사람으로 변해버리는 경우가 너무도 많다는 것이다. 아마 여러분 자신도 틀림없이 이런 경험을 해보았으리라.

그렇다면 그들은 왜 한두 번의 공갈에 그렇게 흔들리고, 또 그것을 용납하지 못하는 것일까? 그들은 공갈에 당해 자신의 승리를 빼앗기는 것

을 몹시 수치스럽게 생각하는 경향이 강하다. 즉, 상대에게 놀림감이 됐다는 식의 오기가 발동하는 것이다. 달리 표현하면 한 번의 공갈에 당하는 것이 바로 '넌 아직 멀었어', '넌 나보다 하수야'라는 식으로 기본적인 말초신경을 자극하는 쪽으로 이어진다는 이야기다.

앞서 말했듯 카드를 보고 치는 게 아닌 이상 수없이 서로 주고받을 수밖에 없는 로우바둑이게임에서의 공갈을 인정하지 않으려 한다는 뜻이다. 그리고 이것은 바로 상대에게 강한 적개심을 가지게 되는 것으로 이어지고, 자연 무리한 플레이를 동반하며 스스로 화를 자초하는 길을 만드는 결과가 된다.

그렇기에 게임 중에 공갈을 성공시킨 후 일부러 자신의 패를 공개해 더욱 상대방을 흥분시키는 경우도 비일비재하다. 공갈을 성공시킨 후 자신의 패를 오픈하는 것은 게임의 기본 매너에 어긋나는 행동이다. 하지만 그러한 행동을 '절대 안 된다'라고 제지할 특별한 방법이 없기에 그저 매너에 관한 문제로 넘길 수밖에 없다. 그래서 의도적으로 상대의 흥분을 유도하기 위해 그런 방법을 사용하는 일이 자주 발생한다. 의외로 그 효과가 크기 때문이다.

이렇듯 하수나 중급자는 아무것도 아닌 한두 번의 공갈에 페이스를 잃고 흔들리는 경우가 흔히 발생하지만, 고수는 그렇지 않다. 그리고 이런 사람만이 고수라는 칭호를 들을 자격이 있다.

공갈에 당한다는 것은 어찌 보면 하루 종일 수없이 반복되는 평범한 게임의 일부일 뿐이다.

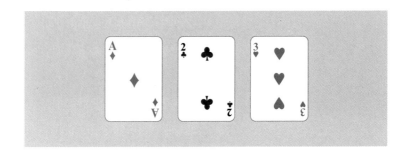

　A-2-3 추라이에서 퍼펙트가 맞을 수도 있고, 8탑이나 9탑으로 메이드가 될 수도 있고, 메이드를 못 만들 수도 있듯이, 그저 공갈에 당하고 또 공갈을 성공시키는 것 역시 모두 게임 중에 일어나는 똑같은 한 가지의 조그만 일이다. 좋은 찬스에서 A-2-3을 가지고 못 떴다고 해서 갑자기 크게 흥분하거나 상대에게 적대감을 느끼지 않는 것처럼, 공갈에 한 번 당한 것도 그 이상의 의미를 두지 말아야 하고, 또 실제로도 전혀 의미를 둘 필요가 없다.

　로우바둑이게임에서 대한민국 최고라는 S는 "나에게 공갈을 쳐서 판을 가져갈 수 있다면 누구든 축하해주겠다"라고 입버릇처럼 말했다. 하지만 S 역시 공갈에 당했을 때 아쉬움과 분함을 전혀 느끼지 않았으리라고는 생각하지 않는다. S 역시 여러분과 똑같은 감정을 가지고 있는 사람이기 때문이다.

　♥ 신이라도 공갈을 다 잡아낼 수는 없다

　그렇지만 S는 아쉽고, 분한 감정보다 '설령, 로우바둑이게임의 신이라도 상대의 공갈을 다 잡아낼 수는 없다'라는 너무도 평범한 진리를 먼저 인정하고서 스스로 자신의 감정을 컨트롤하는 것이라고 이해하면 된다. 오히려 S는 어떤 상대에게 공갈을 당했을 경우, 의도적으로 그 상대와의 승부를 몇 판 동안 피한다고 했다. 아무리 S가 자신을 완벽히 통제해도 어찌 됐든 감정의 앙금이 조금이라도 남아 있을 것이고, 그것이 승부에 좋은 요인이 되지는 않는다고 판단하기 때문일 것이다.

승부의 흐름이란 참으로 오묘하다. 게임이 잘 풀릴 때는 거짓말처럼 패가 척척 붙으며 생각지도 않던 큰 승리와 행운이 이어지는 반면, 게임

이 안될 때는 모든 것이 정반대가 된다. 그렇기에 누구든 이 흐름에 잘 적응해 슬기롭게 대처해야 함은 기본이다. 그랬을 때 한두 번의 좋은 플레이나, 또는 나쁜 플레이에 의해 갑자기 승부의 흐름이 바뀔 수 있다는 사실을 명심해야 한다.

그런데 자신에게 올 행운의 흐름을 스스로 걷어차버리는 그런 어리석은 실수를 범하고 있는 사람들이 생각보다 엄청나게 많다. 그리고 그 가장 대표적인 경우가 한두 번 공갈에 당한 후 순식간에 이성을 잃고 스스로 나락으로 떨어지는 그러한 행동임을 이제는 깨달아야 한다.

4. 2컷 레이즈는 공갈이 없다

여섯 명의 로우바둑이 게임에서 아침커트 전에 두 명이 이미 죽고 네 명의 승부다. ②, ⑤번은 죽었고, ①번은 2컷, ③번(여러분)은 탑, ④번도 탑, ⑥번(딜러)은 2컷이다. 여러분은 아침커트에서 A-2-6을 가지고 한 장을 바꿨는데 7이 들어와 A-2-6-7로 메이드가 됐다.

①번에서 체크를 했고 여러분은 당연히 베팅을 했는데, ④번은 죽고 딜러(2컷)에게서 바로 레이즈가 나왔다. 그러자 ①번은 죽고, 여러분은 당연히 2단 레이즈로 응수. 그런데 딜러가 3단 레이즈를 하며 자신 있는 모습을 나타냈다. 이런 상황이라면 여러분은 어

떻게 하겠는가?

지금과 같은 상황은 로우바둑이게임을 하다 보면 심심치 않게 겪는 경우다. 아마도 하수들이라면,

'2컷에서 뭐가 나와, 너 잘 걸렸어.'

라고 회심의 미소를 지으며 큰 승부를 만들려고 할 것이다. 하지만 로우바둑이게임을 어느 정도 이상 해보신 분들이라면,

'이거 뭐야? 분위기가 이상하네?'

라며 바로 위기의식을 느낄 것이다. 그리고 그것은,

'야, 이거 이기기 힘들겠네…… 공갈 아니면 어려운 승부네.'

라는 결론으로 이어지게 된다.

물론, 이 판의 결과는 아무도 장담할 수 없다. 2컷을 하고 계속 레이즈를 한 상대가 어떤 스타일이냐에 따라 결과가 달라질 수 있기 때문이다. 하지만 지금과 같은 상황은 2컷으로 레이즈를 한 상대가 공갈을 시도한 것이나, 또는 그가 로우바둑이게임의 아주 초보자가 아니라면 여러분이 이기기 어려운 승부라는 점을 명심해야 한다.

이렇게 이야기하면 '그래도 7탑인데……'라며 필자의 말을 부정할 사람도 있으리라 생각한다. 그럴 수도 있다. 하지만 이렇게 생각하는 사람도 한 번 더 레이즈를 하지는 못할 것이다.

그렇다면 이제 선택은 콜이다. 그리고 나서 점심커트부터 여러분은 당연히 스테이를 할 것이고 상대도 스테이를 할 것이다.

여기까지는 좋다. 한발 양보해서 여기까지는 여러분이 강력하게 주장한다면 필자 역시 동의한다. 필자 역시 그 상황에서 7탑으로 죽기는 쉽

지 않다는 걸 인정하기 때문이다.

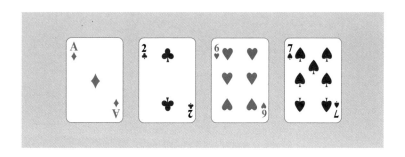

그러고 난 후 여러분이 삥이나 체크를 하고 나갔는데 점심때 상대가 또 베팅을 하고 나온다면 이때는 어떻게 해야 하나?

"여기까지 왔는데 어떻게 죽어. 무조건 콜이야."

"2컷으로 그리 잘 맞았어? 한 번 더 빠꾸를 내리고 싶지만 참는다. 콜!"

이것이 정답일까?

이 부분에 대해서 필자는 아니라고 단언한다. 이때는 아쉽더라도 카드를 꺾을 줄 알아야 한다. 모든 정황으로 판단했을 때, 좀 전에 언급했듯이 상대가 앞에서 말한 그 두 가지 경우가 아닌 한 여러분이 거의 진승부로 봐야 한다. 이렇게 결론을 내리면 아마도 여러분들 중 일부는 '7 탑으로 어떻게 죽어……'라며 불만을 가지고 수긍하지 않는 분들이 계실 것이다. 그리고 그 가장 큰 이유는 바로 상대가 2컷이기 때문이리라.

하지만 상대가 2컷이라는 이유 때문에 여러분이 더욱 이기기 어려운 승부가 된다는 사실을 깨달아야 한다. 만약 똑같은 베팅 상황에 상대가 탑(한 장)이었다면 아마도 더 많은 분들이 필자가 주장한 '이기기 어려운 승부'라는 데 동의했을 것이다. 탑이 2컷보다 좋은 카드가 나올 확률이 더 높기 때문이다. 그런데 너무도 당연한 것 같은 이 사실이 여러분의 판단을 흐리게 할 수 있다는 점을 깨닫지 못하는 한, 여러분은 절대 로우바둑이게임의 고수가 될 수 없다.

♥ 커트 수가 아니라 베팅 상황을 보고 상대의 패를 판독하라

로우바둑이게임은 패턴에도 퍼펙트가 나올 수 있고 2컷, 3컷에도 얼마든지 퍼펙트, 5탑 같은 카드가 나올 수 있다. 그렇기에 상대의 패를 판독할 때 최우선 순위로 둬야 할 점은 커트 수가 아니라 베팅 상황이다. 물론 한 번의 베팅이나 레이즈와 같은 평범한 상황이라면 탑(한 장)이 2컷보다 무서운 것은 틀림없는 사실이다. 하지만 그 레이즈가 3단, 4단으로 이어진다면 그때는 이미 탑이나 2컷이라는 단어는 머릿속에서 지워버려야 한다.

2컷을 하고 레이즈를 하는 사람이 바보가 아닌 이상 본인도 분명 이길 자신이 있기에 레이즈를 하는 것이기 때문이다. 물론 이때 2컷을 한 사람의 입장에서도,

'내가 2컷을 했다고 물로 보고 있겠지?'

라고 생각하며 탑일 때보다 약간은 어깨에 힘이 들어갈 수도 있는 것은 사실이다. 하지만 레이즈가 반복되면 그 차이는 미비하다는 사실을 절대 잊어서는 안 된다.

그렇기에 상대가 탑이든 2컷이든(경우에 따라서는 3컷이나 패턴스테이도) 중요한 것은 베팅 상황이라는 것을 명심해야 한다. 그런데도 로우바둑이게임에서 항상 패배하는 대부분의 하수들은 상대가 2컷(또는 그 이상)으

로 좋은 카드가 맞았을 때, 그것을 무시하고 거의 인사불성이 돼 "2컷에서 뭐가 나와!"라며 큰소리를 치다가 엄청난 피해를 입고 있으니 안타까운 일이다.

대한민국에서 로우바둑이게임을 호령할 정도의 초일류 고수가 아닌 한 2컷으로 강한 모습을 보일 때는 99% 공갈이 없다는 점을 마음속 깊이 새겨둬야 한다. 사람인 이상 누구나 2컷이라 만만하게 보고 있는데, 그 상황에서 뱃심 좋게 공갈을 치기가 쉽지 않기 때문이다.

물론, 평범한 판에서 모두가 빌빌 거리거리고 있을 때라면 탑집에서 베팅하고 나왔을 때 2컷으로 레이즈를 하고 공갈로 스테이를 하는 경우는 충분히 있을 수 있다. 하지만 지금 이야기하는 것은 이것과는 전혀 다른 부분이다. 탑집이나 스테이집을 상대로 레이즈가 두세 번 왔다갔다했을 때를 의미하는 것이다.

♥ 하수는 상대의 2컷 스테이를 인정하지 않으려 한다

이야기를 앞으로 다시 돌려서 아까의 상황에서 2컷으로 레이즈를 한 상대가 '공갈을 시도했거나, 로우바둑이게임을 처음 하는 초보자'가 아닌 한 여러분이 6이 달린 7탑으로는 이기기 어려운 승부라고 했다.

그런데 2컷이라면 일단 공갈로 계속 밀어 붙일 가능성은 거의 없다고 봐야 한다(오히려 상대가 탑이라면 공갈이 나올 가능성이 약간은 있을 수 있다). 그렇다면 이제 여러분이 이길 가능성은 한 가지, 상대가 말도 안 되는 플레이를 하는 초보자일 경우인데 이것은 여러분 스스로가 게임을 하면서 얼마든지 판단할 수 있다.

로우바둑이게임을 하다 보면 누구든 2컷, 3컷에도 가끔씩 아주 좋은

카드를 잡곤 한다. 그리고는 장사가 안됐을 때,

"햐, 3컷에 그림같이 초가 맞았는데 손님이 없네."

"패턴에 간만에 깨끗한 6을 잡았더니 점심때 다 죽는구나."

라며 투덜거린 기억을 누구나 가지고 있을 것이다. 그런데 자신은 2컷, 3컷에 좋은 카드를 잡은 경험을 가지고 있으면서 상대가 2컷, 3컷으로 아무리 강한 모습을 보여도 그것을 인정하는 데는 아주 인색하다. 참으로 이기적이고, 자신만의 편한 생각이다. 그리고는 잘못 걸리면 아주 큰 피해를 입으니 이해할 수 없는 일이다.

♥ 2컷 집을 무서움을 알아야 고수가 된다

포커는 일주일을 잘하다가 30분 만에 모든 걸 다 날려 버릴 수 있는 게임이다. 좀 더 폭을 줄여서 이야기한다면 5~6시간 잘하다가 한두 판에 승부를 그르쳐버리는 게임이다. 그리고 그것이 바로 지금 이야기했던 이 이론과 아주 밀접하게 맥이 통하고 있다는 사실을 한 번쯤 꼭 생각해 봐야 한다.

아무리 천하에 없는 고수라 할지라도 세컨드나 서드를 잡고 질 때는 어쩔 수가 없다. 그리고 2컷 이상으로 A-2-3-6이나 A-2-4-6 같은 카드를 맞추고서 질 때는 도망갈 수가 없다. 이러한 경우를 보통 '덫에 걸렸다'라고 표현하는데, 이때는 누구라도 거의 똑같은 결과가 나올 수밖에 없다. 이러한 일은 하늘이 내린 불운한 경우이기에 인력으로 빠져나갈 방법이 없다는 이야기다.

하지만 여러분이 7탑이나 5가 달린 6탑 등을 잡고 상대가 2컷이라 해서 무시하고, 무리하게 승부를 걸다가 엄청난 피해를 보는 일은 하늘이 내린 불운이 아니다. 이것은 스스로 자초하는 인재다. 그렇기에 충분히 방비할 수 있는 일이고, 이제부터 여러분들도 그렇게 해야 한다. 다시 한 가지 예를 보자.

만약 여러분이 점심때 A-4-6에서 탑을 커트해서 7탑(A-4-6-7)이 맞았다.

베팅을 했더니 상대가 콜을 하고 마지막(저녁) 커트에 두 장을 바꿨다. 그래서 여러분은 '이게 웬 호떡이야'라며 회심의 미소를 짓고 마지막에 베팅을 하고 나갔는데 2컷을 한 상대가 레이즈를 하는 것이다. 이때 여러분은 어떤 기분을 느끼겠는가?

'어? 얘가 보태주려고 작정을 했나?'

'이건 뭐야? 얘가 뭘 잘못 먹었나?'

하면서 한 번 더 레이즈를 하겠는가? 아마도 이런 생각을 한다면 단언건데 그분은 로우바둑이게임을 처음부터 다시 배워야 한다.

이때는 60~70% 이상 진 상황이다. 2컷을 한 사람이 제정신이라면 탑을 바꾸고 스테이를 한 상대가 마지막에도 베팅을 하고 나오는데 8탑으로 레이즈를 하기는 어려운 일이기 때문이다(A-4-6-7에게 진다면 8탑이라고 봐야 한다).

그렇기에 이러한 경우라면 죽기는 싫고 콜을 해야겠지만, 승률은 아무리 많이 봐도 절대 30~40%를 넘지 못하는 몹시 우울한 상황이다(이러한 경우를 가리켜 '새드콜'이라고 표현한다. 말 그대로 슬픈 콜인데, 죽지는 못하고 콜을 하지만 이길 가능성이 적다고 느껴지는 경우다).

물론 지금의 이야기는 아까 말한 아침이나 점심때의 상황과는 약간 차이가 있는 저녁때라는 부분이기에 변수가 있는 것은 사실이다. 하지만 필자가 하고자 하는 이야기는 똑같은 맥락이다.

첫째, 상대의 커트 수가 아니라 베팅 상황을 보고 패를 판독하라.
둘째, 언제 어느 때건 2컷이라고 해서 절대 무시하지 마라.

이 단락에서 하고 싶은 이야기는 이 두 가지다.

그렇다고 2컷으로 베팅이나 레이즈를 한다고 해서 무조건 좋은 패로 인정하라는 것은 결코 아니다. 아까도 이야기했듯이 한 번의 베팅이나 레이즈라면 바로 특별한 의미를 두고 크게 신경을 곤두세울 필요는 없다. 어찌 됐든 탑보다는 2컷이 좋은 카드가 나올 가능성이 떨어지는 것만은 틀림없는 사실이기 때문이다.

하지만 한 번이 아니라 그 이상의 레이즈가 오가면 그때는 2컷, 3컷이라는 단어를 머리에서 지워버리고 탑과 똑같은 대접을 해줘야 한다. 아울러 한 번의 레이즈라도, 그 레이즈가 스테이집을 상대로 한 레이즈일 경우에는 바짝 긴장해야 한다는 사실을 잊어서는 안 된다.

마지막으로 덧붙이고 싶은 이야기는 '탑 대 2컷'이나 '스테이 대 2컷'과 같은 상황이 아니라 '2컷 대 2컷', '2컷 대 3컷' 등과 같은 경우라면 레이즈가 여러 번 왔다갔다하더라도 서로가 상대의 패를 반드시 아주 높게 인정할 필요는 없다는 점이다. 이때는 서로가 상대를 얕보고 약간은 무리해 어깨에 힘이 들어간 플레이가 나올 가능성이 충분히 있기 때문이다.

이럴 때에는 그때그때의 분위기와 상대의 스타일 등을 잘 감안해 판단하고 그에 맞는 대책을 세우면 된다.

5. 고수의 공갈 요령

다섯 명의 로우바둑이게임이다. 두 명은 이미 죽고 세 명의 승부.

점심때 세 명의 커트 상황은 P(2컷)-M(1컷)-S(2컷)이었다. M의 베팅 위치는 두 번째고, M의 패는 2-3-5 추라이에서 점심때 5가 쫑이 나며 메이드를 만드는 데 실패했다.

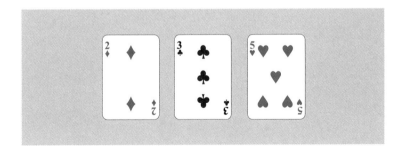

점심커트가 끝난 후 P가 체크를 하고 나왔다. M은 혼자서 탑(한 장)이었고 추라이도 괜찮았기에 베팅을 했다. 그러자 뒤에서 2컷을 한 S가 레이즈를 하는 것이다. P는 카드를 꺾었고, M의 차례다. 순간 M은,

'음, 탑집이 치고 나가는데 레이즈를 하는 걸 보니 메이드가 된 모양이군.'

이라 느꼈기에 정상적이라면 아쉽더라도 여기서 패를 꺾는 것이 올바른 운영이다. 하지만 이때는 게임의 흐름이 M에게 괜찮은 시기라고 느껴 콜을 하고 승부하고 싶은 기분이 들었다. 그래서 M은 약간 무리한 플레이라 생각하면서도 '왠지 꼭 뭔가가 올라올 거 같네'라는 기분으로 스스로를 달래며 콜을 했다.

그리고는 마지막 커트에 한 장을 바꿨는데, 이게 무슨 일인가? 틀림없이 스테이라던 예상을 깨고 뒤에 있던 S가 주저 없이 한 장을 바꾸는 것이었다.

♥ '나는 추라이가 무지하게 좋아'라는 분위기를 기정사실화하라

이러한 상황이라면 M은 이 순간 어떤 기분을 느끼겠는지?

'스테인줄 알았더니…… 괜히 겁먹었네.'

라며 추라이에서 이길 수 있다고 느낀다면 로우바둑이게임에서 M의 앞길은 시커먼 먹구름뿐이라고 필자는 단언한다. 아마 대부분의 사람이

'어? 스테이가 아니고 한 장을 따? 추라이가 이빠이 맞은 모양이군.'

이라 느낄 것이고, 실제로도 그 생각이 올바른 판단이다.

설혹 S가 8추라이, 9추라이를 가지고 있다고 하더라도, 베팅과 레이즈 상황상 누구라도 S의 패는 아주 좋은 추라이로 볼 수밖에 없다. 만

약 진짜로 S의 패가 8추라이라고 한다면 이것은 S의 레이즈가 기가 막힌 멋진 플레이라고 칭찬해야 한다. 또한 이러한 S의 플레이는 마지막에 M이 메이드를 만들지 못하면, S가 마지막에도 베팅을 했을 때 M이 콜을 하기 어려워지는 것으로 이어진다. 즉, S의 멋들어진 공갈 레이즈라는 것이다. 그렇다면 혹자는,

"S가 그런 식으로 공갈을 시도할 바에야 차라리 커트하지 말고 그냥 스테이를 하는 것이 더 좋지 않나?"

라고 주장할 수도 있다. 맞는 말이다. 어찌 생각하면 S가 아예 커트를 하지 않고 스테이를 하는 것이 더 유력한 방법일 수도 있다. 그렇기에 상황과 상대에 따라 오히려 스테이를 하는 방법을 선택할 수도 있는 것은 틀림없는 사실이다. 만약 M이 로우바둑이게임의 하수라면 S가 스테이를 하고 승부하는 것이 더 효과적일 가능성이 많다.

하지만 만약 M이 중급자 이상의 수준이라면 여기서 한 가지 짚고 넘어가야 할 부분이 있다. 그것은 S가 그때 스테이를 누른다면 M의 입장에서는 S의 패를 메이드라고 생각하면서도 마음 한편으로 '진짜 맞은 거야?'라는 의구심을 조금이라도 가지게 된다는 점이다. 다시 말해 메이드로 인정해주면서도 '저게 진짜야?'라는 식의 '믿어, 못 믿어' 분위기가 발생할 수 있다는 것이다.

그런데 S는 공갈이므로 마지막까지 필연적으로 베팅을 할 수 밖에 없기에, 이때 다시 한 번 '믿어, 못 믿어'라는 M의 최종 관문을 통과해야 한다. 그랬을 때 M이 그때그때의 상황과 S의 평소 게임 스타일 등을 감안해,

'2컷으로 그리 잘 맞았어? 맞았으면 먹어라.'
라는 식의 확인을 할 가능성도 어느 정도는 있을 수 있다. 물론, 그러한
상황에서 M이 콜을 하고 확인하는 것이 쉽다는 이야기는 결코 아니다.
하지만 S가 스테이를 하지 않고 한 장을 커트하고 마지막에 베팅했을 때
보다는 콜하고 확인할 가능성이 조금이라도 더 높아진다는 것이다.

다시 말해, S가 스테이를 하지 않고 한 장을 커트하는 것이 오히려 마
지막 베팅에서 M이 콜을 하기 더욱 힘들게 만든다는 의미다. 즉, S가 한
장을 커트함으로써 자연스럽게 '나는 추라이가 아주 좋아'라는 분위기
를 만들어버린다는 뜻이다.

물론, 이때 M이 A-2-3, A-2-4 등 최고의 추라이를 가지고 있거나,
또는 마지막 커트에 메이드를 만든다면 이야기는 달라진다. 하지만 그
가능성은 그리 높지 않다고 볼 수 있으며, 상황과 상대 스타일 등에 따
라 그러한 분위기는 중급자 수준 이상이라면 어느 정도 파악할 수 있으
리라 생각한다.

♥ 중급 이상의 수준이라면 반드시 알아둬야 할 공갈 테크닉

지금의 이야기는 중급 이상의 실력을 가진 분들이라면 반드시 음미해
보고, 알아 두어야 할 중요한 부분이다. 상황상 누가 보더라도 '나는
추라이가 무지하게 좋아'라는 분위기를 기정사실화해 놓으라는 이야기
다. 그리고는 편안하게 마지막 카드를 확인하고, 운이 좋아 메이드가
되면 그걸로 이길 수 있고, 메이드가 안 되면 베팅으로 상대를 죽일 수
있는 공갈의 고급기술이다.

그런데 이때 S가 메이드가 되지 않았지만 마지막에도 베팅을 하고 공

갈을 시도하려 작전을 세우고 있었는데, 만약 M이 마지막에 먼저 베팅을 하고 나오면 어떻게 대응해야 할까? 이 경우에는 아름다운 말이 필요 없다. 숨도 쉬지 말고 바로 카드를 던져야 한다. M이 마지막에 메이드를 만든 것으로 보고, 공갈을 시도하려던 작전을 바로 취소하라는 것이다.

만약 이러한 상황에서 M이 메이드를 못 만들었는데도 공갈로 미리 베팅하고 나올 수 있다면 그것은 M의 베팅과 배짱을 칭찬해줘야 한다. 그만큼 그 상황에서 M이 공갈로 먼저 베팅하고 나오기는 쉽지 않다는 이야기다.

♥ 누가 보더라도 인정해줄 수밖에 없는 상황구라

앞서 예를 들었던 S의 이러한 공갈을 가리켜 전문용어로 '상황구라'라고 표현한다. 이는 게임 진행상 누가 보더라도 인정해줄 수밖에 없는 그런 상황에서 시도하는 공갈을 말한다. 그렇기에 이러한 공갈의 성공률은 아주 높다. 모두가 공갈이라고 생각하지 않는 상황이기에 상대가 원하는 걸 뜨지 못하는 한 거의 성공할 수 있다는 의미다.

이처럼 강력한 레이즈를 하고 난 후, 자신 있게 한 장을 같이 커트한다면 누구라도 아주 좋은 추라이로 생각할 수밖에 없다는 점을 이용한 S의 공갈 레이즈는 상당히 차원이 높고, 또 성공 가능성도 매우 높은 기술이다.

하지만 S와 같은 그런 공갈은 쉽게 할 수 있는 플레이가 아니다. 상황을 잘 파악한 후, 두둑한 배짱과 강한 확신이 겸비돼야만 시도할 수 있는 기술이기 때문이다. 그러나 성공할 수 있다는 강한 확신을 가지고 시도했을 때의 효과는 생각 이상으로 크다고 장담한다.

그렇기에 로우바둑이게임의 중급자 이상의 수준에 올라 있는 사람들이 한 단계 높은 수준에 도달하기 위해서는 반드시 알아둬야 할 공갈의 고급 테크닉이다.

지금 말한 이러한 공갈 방법이 고수들의 상용수단으로 아주 효과적으로 쓰이고 있다. 하지만 여러 번 강조했듯이 아무리 좋은 공갈의 수단이라 하더라도 너무 자주 사용해서는 안 된다는 기본원칙을 명심하고, S의 공갈베팅을 잘 음미하기 바란다.

로우바둑이게임 3타임에서 아침탑으로
끝까지 갔을 때 메이드를 잡을 확률

로우바둑이 3타임의 게임에서 처음부터 한 장을 바꾸는 상황(A-2-3)에서 마지막까지 갔을 때 과연 메이드가 될 확률이 얼마나 될까?

로우바둑이게임을 많이 해본 사람들이라면 결코 쉽지 않은 확률이라는 것을 많이 경험했으리라 생각한다. 그런데 초보자일수록 "그런 상황에서 메이드를 못 맞춘다는 것은 생각조차 하지 않는 일"이라 할 정도로 거의 무조건 메이드가 되리라 생각하는 경우가 많다. 그렇다면 하수들의 생각처럼 그렇게 확률이 높은지 한번 알아보기로 하자.

- A-2-3을 가지고 아침커트에 탑(한 장)을 바꿀 경우

㉠ 첫 번째 커트에서 메이드가 될 확률 : $\dfrac{10}{48}$ = 0.2083

㉡ 두 번째 커트에서 메이드가 될 확률 : $\dfrac{38}{48} \times \dfrac{10}{47}$ = 0.1684

㉢ 세 번째 커트에서 메이드가 될 확률 : $\dfrac{38}{48} \times \dfrac{37}{47} \times \dfrac{10}{46}$ = 0.1354

$$\bigcirc + \bigcirc + \bigcirc = 0.5121 (≒51\%)$$

위의 계산식에서 보듯 약 51%라는 엄청나게 높은 가능성이 나온다. 그러나 이 확률은 K탑과 같이 아주 나쁘게 메이드가 되는 것도 포함시킨 확률이다. 그러므로 메이드로서 어느 정도 이상의 위력을 가진다고 할 수 있는 확률을 따져보면,

- 10탑까지를 잡을 확률 : 약 38%
- 9탑까지를 잡을 확률 : 약 34%
- 8탑까지를 잡을 확률 : 약 29%
- 7탑까지를 잡을 확률 : 약 23%
- 6탑까지를 잡을 확률 : 약 18%
- 5탑까지를 잡을 확률 : 약 12%

로 현저하게 떨어지게 된다.

부가해 로우바둑이게임의 웬만한 수준에 오른 실력자들이라면 두 번째 커트까지 메이드가 되지 않으면 상황에 따라 마지막 커트는 포기하는 경우도 많기 때문에, 그 확률은 더욱 낮아진다고 할 수 있다. 그렇기에 로우바둑이게임의 고수들은 확률이 높지 않다고 느끼는 것이리라.

초보자들은 지금의 이야기가 무엇을 시사하는지 곰곰이 생각해보기 바란다. 이러한 이유로 로우바둑이게임에서는 'A-2-3 추라이는 K탑에게 진다'라는 말이 꿈에서도 잊지 말아야 할 명언으로 전해지는 것이다.

Q8

당신은 이때 어떻게 하시겠습니까?

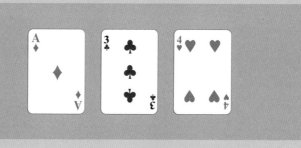

마지막(저녁) 커트만 남겨놓은 상황에서 여러분은 A-3-4 추라이다.

상대는 여러분 포함 네 명이고, 여러분은 두 번째 베팅 위치다. 점심때 커트 수는 첫 번째 집이 한 장, 여러분도 한 장, 세 번째 집도 한 장, 마지막 집은 두 장을 바꿨고 판은 보통 때보다 약간 큰 상태다.

이런 상황에서 첫 번째 집이 체크를 했고 여러분이 베팅을 하고 나갔는데 세 번째 집이 바로 레이즈를 했다. 마지막 집과 첫 번째 집은 카드를 꺾었고 이제 여러분의 차례다. 여기서 여러분은 어떤 선택을 하겠는가?

ㄱ 숨도 안 쉬고 콜.

ㄴ 죽는다.

ㄷ 한 번 더 레이즈를 하고 승부를 건다.

〈답〉

거의 대부분의 사람들이 ㉠을 선택하겠지만 정답은 ㉡이다. 그리고 이런 경우에는 아쉽더라도 카드를 꺾을 줄 알아야만 험하고 험한 로우바둑이 세계에서 살아남을 수 있다. 그러면 지금부터 그 이유를 살펴보자.

대부분의 사람들이 ㉠을 선택하는 이유는 이미 들어간 돈이 있기 때문이리라. 즉, 들어간 돈이 아까워서 콜을 한다는 이야기다. 그러나 이러한 마음가짐이야 말로 로우바둑이게임을 하는 한 한시라도 빨리 여러분의 머릿속에서 없애버려야 할 마음가짐이다.

저녁(마지막)커트만 남겨놓은 상황에서 4집이 살아 있고, 그 가운데 3집은 한 장을 바꾼 상태다. 이러한 상황에서 여러분이 먼저 베팅을 하고 나갔는데 뒤에서 레이즈가 나온다는 것은 공갈이 아닌 한 상대(S)는 무조건 메이드라고 봐야 한다. 설혹 S가 메이드가 아닐지라도 추라이에서 여러분보다 좋은 상황이 거의 확실하다.

그렇다면 이것은 S가 이미 아침커트 후에 스테이를 하고 있는 상황에서 여러분이 점심때 한 장을 바꾸고 삥이나 체크를 했는데 S가 베팅을 한 것과 똑같은 상황이다. 아마 이러한 상황이라면 카드를 꺾는 선택을 하는 사람들이 많을 것이다. 아무리 추라이가 좋아도 특별히 배당이 좋을 때가 아니라면 스테이집에는 따라가지 말라고 귀가 아프도록 들어왔기 때문이다. 그렇다면 두 가지는 거의 똑같은 상황이라고 할 수 있는데 왜 문제로 제시된 상황에서는 콜을 하게 되는 것일까?

첫째, 들어간 돈이 아깝다(방금 들어간 돈이기 때문).
둘째, S가 100% 스테이라는 보장이 없다.

이 두 가지 이유다. 그런데 곰곰이 생각해보면 첫째도, 둘째도 모두 여러분의 잘못된 생각임을 이제는 깨달아야 한다.

첫째, 들어간 돈이 아깝다.

좀 전에도 언급했듯이 이미 판에 들어간 돈은 여러분의 돈이 아니라는 생각을 가져야 한다. 아마도 S가 이미 아침커트에 한 장을 바꾸고 스테이를 하고 있는 상황에서 여러분이 점심때 한 장을 바꾸고 삥이나 체크를 했는데 S가 베팅을 한 상황이라면 여러분은 들어간 돈을 아까워하지 않을 것이다.

왜 그럴까? 그 돈이 여러분의 주머니가 아닌 다른 곳에서 나온 돈이기 때문일까? 아니다. 그 이유는 이미 판에 들어가 있던 돈이라는 점 때문이다. 즉, 그 돈은 조금 전에 들어간 돈이고, 지금 베팅을 하고 나갔다가 레이즈를 맞은 것은 아직은 여러분의 돈이라는 느낌을 더 강하게 가지고 있기 때문이다.

하지만 조금만 생각을 해보면 그것은 똑같은 여러분의 돈이다. 단지 같은 판에서 몇 번째 베팅에 들어간 돈이냐 하는 차이만 있을 뿐이다. 이렇게 생각한다면 여러분이 어떤 선택을 해야 할지는 명확해진다. 다시 말해 스테이집을 상대로 뜨러가려는 생각이 잘못된 운영임을 알고 있다면 여기서도 패를 꺾어야 한다는 결론이 자연스럽게 나오는 것이다.

둘째, S가 100% 스테이라는 보장이 없다.

"무조건 스테이를 한다고 누가 장담해?"

"저게 무조건 잘 맞은 카드라는 보장이 어디 있어?"

라는 식으로 거의 모든 사람들이 비슷하게 인정하는 상황을 혼자만의 고집으로 부정하는 것은 로우바둑이게임에서 여러분의 성적을 올리는데 암적인 요소다. 이러한 고집은 달리 말해 일종의 의심병인데, 경우에 따라서는 필요할 수도 있다. 하지만 누가 보더라도 거의 확실한 상황이라면 그것은 인정해야 하며, 지금 문제에서 제시한 상황이 바로 그런 상황이다. 즉, 누가 보든 S는 무조건 스테이를 하는 상황이라는 의미다.

그리고 조금 전에도 언급했듯이 만에 하나 S가 스테이가 아니더라도 추라이에서 여러분에게 이기는 상황이라 봐야 한다. 그것도 아니라면 결국 S가 공갈을 시도하는 것인데, 그렇다면 S는 공갈로 스테이를 할 것이고 여러분이 이기려면 큰 위험부담을 안고 마지막까지 콜을 하고 확인을 해야 한다. 그러나 이것 역시 실행에 옮기기는 쉽지 않은 플레이다.

따라서 여러분이 이기려면 반드시 메이드를 만드는 수밖에 없다. 그런데 마지막에 한 장을 바꿔 메이드를 만들기가 얼마나 어려운지는 잘 알고 있을 테고, 그리고 그러한 플레이는 하지 말아야 한다고 수차례에 걸쳐 강조해왔다. 그래서 결국 문제와 같은 상황에서는 S를 무조건 메이드(또는 여러분보다 더 좋은 추라이)로 인정하고 아쉽더라도 카드를 꺾을 줄 아는 선택을 하는 것이 현명한 운영이다.

이 부분에 대한 자세한 설명은 중급편, 베팅편, 'A-2-3 추라이로 가장 앞에 있을 때'의 베팅 요령 단락을 참고하기 바란다.

정답 : ㉡

4장 게임에서 이기는 법

만약 노력을 하지 않고서도 상대방과의 경쟁에서 이길 수 있는 사람이 있다면, 그는 신의 축복을 받고 태어난 사람이 틀림없다. 그렇다면 신의 축복을 받지 못하고 태어난 평범한 사람들이 상대와의 경쟁에서 이기기 위해서는 어떻게 해야 할까?

이 세상의 어떠한 종류의 경기나 게임, 경쟁에서도 '이기는 법'이라는 것을 명쾌하게 결론 내리기란 불가능하다. 그저 상대보다 더 많은 노력을 하는 것이 최선의 방법이라고 한다면 어이없게 들릴지도 모르겠지만, 가장 정답에 근접한 대답이라고 할 수 있으리라.

어떠한 일에 있어서든 '노력의 대가로서 좋은 결과를 기대할 수 있다'라는 말에 이론을 제기할 사람은 아무도 없을 것이다. 그런데 앞에서도 언급했듯이, 포커게임에서 만큼은 그 결과를 재수나 운으로 돌리려는 사람이 많다는 사실이 참으로 안타깝다.

모쪼록 이 책을 읽는 독자 여러분들은 반드시 그러한 잘못된 사고방식으로부터 벗어나, 포커게임의 결과 역시 자신이 가지고 있는 실력에 비례해 나타난다는 너무도 평범한 사실을 명심하고 '게임에서 이기는 법'의 이론도 정확히 이해해 여러분들의 것으로 만들기 바란다.

1. 레이즈를 한 판은 반드시 먹어야 한다는 생각을 버려라

로우바둑이게임은 무작정 거칠게 베팅을 하고 판을 흔든다고 해서 반드시 이기는 것도 아니고, 또한 반대로 확실한 패가 아니면 승부하지 않고 끊임없이 기다린다고만 해서 무조건 이길 수도 없다. 헐크처럼 판을 마구 흔드는 것이 승리의 비법이거나, 좋은 패가 들어올 때까지 기다린다고 해서 무조건 이길 수만 있다면 아마도 돈을 잃는 사람은 한 명도 없을 것이다.

그렇기에 로우바둑이게임에서 남들보다 조금이라도 좋은 실력을 갖추고, 좋은 승률을 가지기 위한 위치에 서려면 움츠릴 땐 움츠릴 줄 알고, 흔들 땐 흔들 줄 아는 그런 운영 능력을 갖추고 있어야 한다. 그랬을 때 판을 흔들어 베팅을 리드하고, 판의 주도권을 장악할 수 있다면 필승까지는 할 수 없어도 상대들보다 훨씬 유리한 입장에서 좋은 승률을 기록할 수 있다는 것만은 감히 장담한다.

고수들이 그렇게 쉽게 시도 때도 없이 자유자재로 구사하는 레이즈를 왜 하수들은 한 번 하기조차 어려운 것일까?

여기에는 사람에 따라 여러 가지 이유가 있겠지만, 거의 대부분의 하수에게서 찾아볼 수 있는 가장 큰 공통점은 '자신이 레이즈를 한 판은 반드시 먹어야 한다'라는 강박관념을 가지고 있다는 점이다. 즉, 하수들은 본인이 확실히 먹을 수 있다고 생각하는 판에서만 레이즈를 하려고 하기 때문이라는 것이다.

그런데 로우바둑이게임을 하면서 처음부터 확실히 먹을 수 있는 판이라는 것은 그리 쉽게 만들어지지 않는다. 점심커트가 끝난 후나, 마지막 커트까지 모두 끝난 상황에서 손안에 아주 좋은 패를 가지고 있다면 이때는 확실히 먹을 수 있는 판이 틀림없다.

하지만 이때라면 로우바둑이게임을 하는 100명이면 100명 거의가 비슷한 생각을 하게 되고, 플레이에 큰 차이가 나지 않는다. 물론 이때도 상황에 따라 어느 정도는 차이가 날 수 있겠지만, 거의 대부분이 어떻게 하면 조금이라도 더 크게 먹을 수 있을까 하는 방법만을 생각하고 나름대로 운영을 한다는 것이다. 그렇기에 이때는 아주 특별한 경우가 아니면 그리 큰 운영의 차이라는 것이 없다.

♥ 고수는 서로가 불확실한 상황에서 레이즈를 한다

하지만 필자가 지금부터 말하고자 하는 것은 이러한 상황에서의 레이즈를 의미하는 것이 아니다. 아침커트를 하기 전이나 아침커트 후, 즉 게임 초반부에서의 레이즈를 의미한다(간혹은 점심커트 후의 경우도 적용된다).

이때는 누구라도 패가 완벽하게 만들어져 있는 경우는 드물기 때문에 서로가 불확실한 상황에서 힘겨루기를 하는 시기다. 그렇기에 이때라면 주고받는 베팅과 레이즈에 의해 자연스럽게 어느 한쪽으로 주도권이 넘어가게 된다. 물론, 주도권이 넘어간다고 해서 이것이 승패와 바로 연결되는 것은 아니지만, 그 판에서 이후의 진행에 적지 않은 영향을 미치게 되는 것은 틀림없는 사실이다. 즉, 주도권을 먼저 장악한 쪽에서 좀더 편안하게 자신의 의사대로 게임을 할 수 있게 된다는 것이다. 그리고 이것은 어찌 됐든 조금이라도 높은 승률, 효과적인 장사로 이어진다.

게임 초기에 큰돈을 들이지 않고 게임의 주도권을 잡을 수 있는 이러한 레이즈를 하수들이 주저하는 것은 앞에서도 언급했듯이, 하수들은 확실히 먹을 수 있는 판에서만 레이즈를 하려하는 경향을 가지고 있는데, 아침커트 전후의 게임 초기라면 그러한 일은 쉽게 발생하지 않는다.

이러한 면에서 고수들은 분명 다르다. 그들은 결코 확실한 패를 가지고 있을 때만 레이즈를 하는 것이 아니다. 그들은 마치 재벌 2세인 것처럼 자유자재로 레이즈를 하며 판을 흔든다. 실제로는 재벌 2세와 거리가 먼데도 옆에서 보기에 아주 여유 있고 자연스러운 레이즈를 구사한다.

♥ 레이즈에 담겨진 진정한 의미

그렇다면 고수들이 이처럼 게임 초기(아침커트 전후)에 여유 있고 자신 있게 레이즈를 휘두를 수 있는 이유는 무엇일까?

그들은 하수들처럼 '레이즈를 한 판은 반드시 먹어야 한다'라는 생각을 처음부터 가지고 있지 않기 때문이다. 다시 말해 고수들은 레이즈의 의미를 여러 가지 방향에서 찾는다는 것이다. 그렇다면 과연 고수들이 초기에 쉼 없이 하는 레이즈에 담긴 여러 가지 의미는 어떤 것들이 있을까?

첫째, 판을 흔드는 의미
둘째, 자신의 패를 상대에게 정확하게 읽히지 않으려는 의미
셋째, 밑밥효과
넷째, 응수타진의 의미

등등 여러 가지 의미가 있겠지만 이것보다 더욱 큰 절대적인 효과는 바로 이러한 네 가지 의미로 인해 자연스럽게 게임의 주도권을 장악하고, 게

임을 리드해나갈 수 있는 엄청난 혜택이 따라온다는 점이다. 그러면서 게임은 차츰차츰 고수들의 의도대로 진행돼 나가게 되며, 이것은 또한 높은 승률로 이어진다.

바둑이 알면 이길 수 있다

앞서 이야기했듯이 하수들은 반드시 먹어야 한다는 강박관념을 가진 채 레이즈를 하기 때문에 그만큼 어깨가 경직되고 찬스가 드물게 온다. 하지만 이제 여러분은 이런 생각을 떨쳐버려야 한다.

누구라도 돈은 아깝다. 그렇기에 불확실한 상황에서 레이즈를 한다는 것이 선뜻 내키지 않을 수도 있다. 그러나 조금만 더 생각해보면 다른 세상이 보이게 된다. 게임 초기에 레이즈를 해서 설령 그 판을 못 먹더라도 '괜히 레이즈해서 더 손해봤네'라는 식의 피해의식을 가지지 말고, 다음을 위한 투자라고 생각하면 훨씬 마음이 편해질 수 있다.

그리고 실제로도 게임 초기(아침 전후)에 하는 레이즈는 전체 게임을 생각했을 때 금액상으로 그리 큰 부담이 되지 않는다. 그렇기에 뒤를 위한 투자라 생각하면 대세에 거의 영향을 주지 않는 정도의 금액이라고 봐도 무방하다.

게임 초기에 열 번, 스무 번 투자해서 그것이 중반 이후에 한두 번만 성공하면 충분히 만회하고도 남을 수 있다는 이야기다.

♥ 하수들이 게임 초반에 레이즈를 주저하는 또 한 가지 이유

하수들이 게임 초반에 레이즈를 주저하는 데에는 또 한 가지 큰 이유가 있다.

그것은 바로 점심, 저녁으로 가면서 자신의 패가 완성되지 않으면 아침에 자신이 판을 키워놓았기에 계속 부담이 커진다는 점이다. 즉, 싸게 한 장 더 볼 수 있는 걸 본인 스스로가 판을 키워 부담을 크게 만들 수도 있다는 걱정이다. 하지만 이것은 그다음 문제고, 게임 초기에 레이즈를 할 때는 뒤를 미리 생각해서는 안 된다. 그리고 생각할 필요도 없다.

그 반대의 상황도 얼마든지 발생할 수 있고, 또한 부담이 커진다고 해서 여러분만 부담이 커지는 게 아니라 테이블에 앉아 있는 모두에게 적용된다는 점을 잊어서는 안 된다. 여러분이 괴롭고 불안하면 상대 역시 비슷하다는 것이다. 그리고 부담이 크다는 것은 바꿔 말하면 이겼을 때의 효과가 훨씬 더 크다는 것을 의미한다.

아울러 더욱 중요한 사실은 게임 초기에 판을 키워놓아서 점심, 저녁때 부담이 너무 커졌다면 이때는 미련을 버리고 포기하면 된다는 점이다. 승산이 유리하다고 판단되지 않는다면 굳이 큰 부담을 지고 따라갈 하등의 이유가 없다. 다음 기회를 또 기다리면 된다.

그리고 또 한 가지 이해하기 어려운 현상은,

'하수들은 자신이 레이즈를 하고 나면, 그다음에 자신이 원하는 패가 들어오지 않아도 죽으면 안 된다'

라는 식의 이상한 책임의식 비슷한 감정을 가지고 있다는 점이다. 그러나 의도적으로 돈을 잃어주기 위한 접대 게임이 아닌 이상, 이러한 하수들의 생각은 참으로 불가사의하다. 게임을 하다보면,

"넌 판을 키워놓고 매너도 없이 바로 죽냐?"

라고 불평하는 소리를 심심치 않게 듣는다. 참으로 황당한 이야기다. 그들의 이야기대로라면 레이즈를 한 사람은 바로 죽어서는 안 된다는 것인데, 이게 도대체 어느 나라 법인가? 그렇다면,

'레이즈를 한 사람은 패가 안 좋아도 죽을 수 없다는 뜻인가?'

'공갈로 레이즈를 했어도 상대에게 한 번 더 레이즈를 맞았을 때 못 죽는다는 말인가?'

'레이즈를 한 사람은 이길 자신이 없어도 할 수 없이 다음까지 따라가야 된다는 말인가?'

애당초 왈가왈부할 가치조차 없는 이야기다.

앞에서도 언급했듯이 레이즈는 자신의 패가 아주 좋을 때만 하는 것이 아니기 때문에 바로 다음에 어떤 상황이 벌어지느냐에 따라 선택이 얼마든지 변할 수 있으며, 또 반드시 변해야 한다. 바로 이러한 점이 포커(또는 로우바둑이)게임만이 가지고 있는 가장 큰 매력이다. 그렇기에 이 책을 읽는 여러분은 모두가 이후로는,

'레이즈를 했다가 그다음 상황이 생각대로 풀리지 않으면 바로 패를 던진다는 편안한 생각을 가지고 항상 자신 있게 레이즈를 하라.'

라고 지금껏 되풀이해서 강조해온 것이다. 그러나 만약 여러분이 아무리 생각해보고 마음을 다지고 또 다져도 (지금껏 필자가 강조해온 말을) 실행에 옮길 수 없다면, 여러분의 앞에 놓인 길은 오직 한 가지밖에 없다. 늘 남의 눈치를 살피며 끌려다니는 게임을 할 수밖에 없는 고통스러운 길이다.

투자를 하지 않고, 또는 위험부담을 안지 않고서는 큰 소득을 올리기 어렵다는 것이 인생의 진리임을 부정하는 사람은 없으리라.

로우바둑이게임에서 게임 초기에 레이즈를 해서 판을 주도해 나갈 수만 있다면 이것이야말로 적은 투자로 큰 소득을 기대할 수 있는 기가 막힌 벤처사업임을 이제는 깨달아야 한다.

2. 가장 앞에서 아침3컷에 아주 좋은 추라이가 맞았을 경우

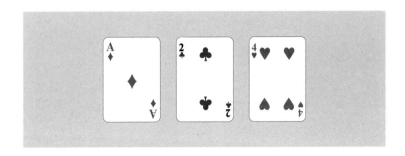

여섯 명의 게임이고 아침커트 전에 두 명은 죽었다. 여러분은 가장 앞의 베팅 위치인데다 3컷이었기에 별 생각 없이 카드를 받아 봤는데 A-2-4 추라이가 됐다.

뒷집들의 상황은 S(2컷), M(탑), D(2컷)이었다.

뒷집이 세 명이지만 탑집은 한 명뿐이고, 여러분은 추라이가 워낙 좋아서 여유 있게 베팅을 하고 나갔다. 과연 너무도 당연한 것 같은 여러분의 이 플레이는 어떻게 해석해야 할까?

실전에서 참으로 자주 접하게 되는 상황이다. 얼핏 너무나도 당연해보이는 여러분의 이러한 플레이는 좋은 점수를 줄 수 있는 플레이는 아니다. 그러면 그 이유가 무엇인지 살펴보도록 하자.

아침커트가 끝난 후에 뒷집이 세 명이고 커트 수가 각각 S(2컷), M(탑), D(2컷)인 상황에서 A-2-4 추라이가 됐기에 아침베팅만을 생각한다면 베팅을 하고 나가는 것이 올바른 운영에 가깝다. 그리고 만약에 뒤에 있는 탑집(M)이 아침커트에서 자신만 혼자 탑이었기에,

'어디 탑집이 뒤에 있는데 3컷이 미리 치고 나와.'

라며 여러분보다 나쁜 추라이를 가지고도 레이즈를 해준다면 미리 치고 나가는 것이 좋은 플레이가 될 수도 있다. 하지만 M이 아주 초보자나 바보가 아닌 이상, 그러한 상황에서 자신 혼자 탑이었다는 이유만으로 레이즈를 할 일은 거의 없다고 봐야 한다.

따라서 여러분이 먼저 베팅을 하고 나갔을 때 뒤쪽에서 M뿐만 아니라 누구라도 레이즈가 나온다면 그것은 일단 메이드일 가능성이 높다고 봐야 한다.

당연하지 않은가. 뒤에 탑집(M)이 있는데도 맨 앞에 있는 집이 미리 베팅을 하고 나온다는 것은 첫째, 추라이가 좋든지 둘째, 메이드가 됐든지, 이 두 가지 중 한 가지 상황인 것은 불 보듯 뻔한 일이기에 뒤에 있는 사람들이 바보가 아닌 이상 함부로 레이즈를 하지 못한다는 뜻이다.

그렇다면 뒤에 있는 사람 중 누군가가 레이즈를 하면 그것은 메이드일 가능성이 높든지, 아니면 레이즈를 한 사람도 추라이가 아주 좋든지 둘 중 하나라고 봐야 하는데, 어찌 됐든 메이드가 나올 가능성이 조금이라도 더 높은 상황이다. 탑집이 뒤에 있는데 베팅, 레이즈가 오간 것이기 때문이다.

그렇기에 이 경우라면 추라이가 아무리 좋아도 일단은 불리한 승부가 된다. 더욱이 베팅 위치까지 가장 앞이라는 점을 감안한다면 이것은 누가 보더라도 편치 않은 승부다.

♥ 여러분의 패가 상대에게 읽히게 된다

그렇다면 이번에는 이야기를 다시 앞으로 돌려 여러분이 아침커트 후 미리 베팅을 하고 나갔을 때, 뒤에 있는 사람들 중 두 명 정도가 콜을 하고 따라왔을 경우를 살펴보도록 하자. 이때라면 어떤 상황이 될까?

아마 그 테이블에 앉아 있는 모든 사람이 '여러분의 추라이가 상당히 괜찮다'라고 생각하는 분위기에서 승부가 계속될 것이다. 뒤에 탑집이 있는데도 여러분이 가장 앞에서 먼저 베팅을 하고 나왔기 때문이다.

그렇다면 이때 여러분이 점심커트에서 메이드를 만들지 못했다면(상대는 두 명 모두 탑) 여러분은 어떻게 할 것인가? 점심때는 체크를 하고 나갈 것인가, 아니면 베팅을 계속하고 나갈 것인가?

아마도 대부분 먼저 베팅을 하고 나가고 싶은 기분을 느낄 것이며, 필자 역시 동의한다. 체크를 하고 나갔다가 뒷집들이 모두 체크 굿을 하면 조금 서운하기 때문이다.

그런데 만약 여기서 여러분이 베팅을 하지 않고 체크를 생각한다면 조금 전 아침커트 후에 여러분이 먼저 베팅을 했든, 하지 않았든 거의 차이가 없다. 그러나 만약 점심커트 후 메이드가 되지 않더라도 점심때 먼저 베팅을 하고 나가려는 생각을 가지고 있다면 이때는 적지 않은 차이가 생긴다. 그것은 점심때 여러분이 베팅을 했을 때 상대들은 일단,

'아, 추라이가 좋으니까 계속 베팅을 하고 나오는군.'

이라고 생각하게 된다. 즉, 아침에 3컷을 하고 뒤에 탑집이 있는데도 미리 베팅을 하고 나온 상황으로 미뤄, 그때 이미 추라이가 좋다고 인정했기 때문에 점심때의 베팅도 그 선상에서 판단한다는 이야기다.

그렇기에 이때라면 로우바둑이게임을 어느 정도 이상 해본 사람들이라면 충분히 레이즈를 하며 공갈의 찬스로 잡을 수 있다. 다시 말해 '좋은 추라이로 베팅하고 나오는 것이니까 레이즈를 하고 스테이를 누르자'라는 식의 공갈 시나리오를 충분히 생각해볼 수 있다는 뜻이다.

이렇게 되면 여러분의 입장은 괴로워진다. 추라이가 좋더라도 그러한 상황에서 레이즈를 맞고 계속 승부를 한다는 것은, 안 좋은 베팅 위치까지 감안했을 때 부담이 많기 때문이다. 그렇다고 이렇듯 레이즈를 맞을 것이 두려워 체크를 하고 나가자니 좀 전에도 언급했듯이 조금은 불만족스러운 상황이다.

♥ 점심때 먼저 베팅을 하고도 상대의 공감성 레이즈를 막는 방법

그렇다면 점심때 여러분이 베팅을 하고 나갔을 때 뒤에 있는 누군가가 메이드가 되어 레이즈를 하는 것이야 어쩔 수 없다 하더라도, 메이드가 되지 않았을 때 공감로 레이즈를 하는 플레이를 막을 수는 없을까?

그 방법은 바로 아침커트에서 3컷을 하여 A-2-4가 맞았을 때 미리 베팅을 하지 않고 체크를 하는 운영이다. 체크를 하게 되면 다음에 있는 2컷 집이 베팅을 할 수도 있고, 만약 2컷 집이 베팅을 안 하면 유일하게 탑을 커트한 M은 거의 무조건이라고 해도 좋을 만큼 베팅을 한다고 봐도 무방하다. 당연하지 않은가? 앞에서 아무도 베팅을 하지 않는다면 혼자서 탑을 커트한 상황이고 베팅 위치도 뒤쪽이라면 누구라도 베팅을 하지 않겠느냐는 것이다.

즉, 여러분이 먼저 베팅을 하지 않아도 다른 사람이나, 아니면 M이 거의 베팅을 해주는 상황이라는 것이다. 그렇기에 여러분의 입장에서는 미리 베팅을 하고 나가 레이즈를 맞아 판을 크게 키우는 것을 원하지 않는 한 상황은 똑같다는 이야기다.

그렇다면 아침베팅에서 여러분이 베팅을 하지 않고, M이 베팅을 하고 여러분이 콜을 했을 때는 어떤 상황이 될까?

이때라면 누구라도 여러분의 패를 '추라이가 좋다'라고 생각하지 않는다. 그리고 이것은 점심커트 후 여러분이 먼저 베팅을 하고 나갔을 때 '추라이가 좋아서 미리 치고 나오는군'이라는 느낌을 주지 않고 '어? 맞은 모양이네'라는 느낌을 주게 된다. 즉, 상대들의 입장에서는,

'추라이가 좋다고 맨 앞에서 계속 때리고 나와? 조금 건방을 떠는군.'

이라고 생각하며 공감성 레이즈를 하기가 어려워진다는 것이다. 다시 말해 상대들은 뒤에 탑집이 두 명이나 있는데도 베팅을 하고 나온 것이기에 '진짜 맞은 거야?' 또는 '저거, 맞은 거 같은데?'라는 식으로 판단하게 된다는 이야기다. 그리고 이것은 자연스럽게 상대들의 공감성 레이즈를 어느 정도 예방할 수 있는 효과를 만들어낸다.

물론, 그렇다고 해서 이 판을 여러분이 무조건 이긴다는 보장은 할 수 없고, 실제로 뒤에 있는 누군가가 메이드가 돼서 레이즈 나올 가능성도 얼마든지 있다. 하지만 적어도 공갈 레이즈를 맞고 궁지에 몰릴 가능성은 많이 줄일 수 있다는 사실을 반드시 기억해야 한다.

이것이 바로 맨 앞의 베팅 위치에서 아침커트에 3컷을 했을 때 A-2-4와 같은 좋은 추라이가 됐고, 뒤에 여러 명의 상대가 있을 때 먼저 베팅을 하고 나가는 것의 단점이다. 물론 미리 베팅을 하고 나간 후 레이즈를 맞고, 점심때 좋은 카드를 맞춰 큰 승리를 거둘 수도 있으며, 미리 베팅을 하고 나갔는데 상대들이 모두 콜만 하더라도 점심때부터의 상황 변화에 따라 더 잘한 플레이가 될 수도 있다.

하지만 적은 가능성에 기대를 거는 운영은 득보다 실이 많은 위험한 플레이라는 사실을 명심하고 지금의 단락에서 의미하는 바를 반드시 새겨둬야 한다.

3. 승부는 되지만 승부해서는 안 되는 상황

다섯 명의 게임이다. 아침커트 전의 베팅이 조금 거칠게 진행되고 난 후, 한 명은 죽고 네 명만 남아 아침(첫 번째)커트에 들어갔다.

앞에서부터 스테이, 2컷, 탑(한 장)이었으며 가장 뒤의 베팅 위치에 있던 P의 카드는 ◆4-♣6-♥9-♥10, 9추라이였다. 잠시 고민하던 P는,

'패턴스테이집이니까 9탑이면 승부가 되겠구나.'

라고 생각하며 4-6-9 추라이를 가지고 탑(한 장)을 커트했다. 그러나 9가 죽이 나며 메이드를 만드는 데 실패했다. 그리고 나서 아침베팅이,

'하프', '콜', '콜'

의 순서로 진행됐다. P는 베팅 위치도 괜찮고 배당도 좋아서 숨도 안 쉬고 콜을 했다. 그리고 나서 점심(두 번째)커트였는데, 패턴스테이집은 당연히 또 스테이를 했고 다음 두 사람은 모두 탑(한 장)이었다. 그리고 P역시 탑(한 장)을 커트했다.

P는 천천히 카드를 쪼았는데, ♠7이 들어와 '4-6-7-9', 9탑으로 메이드가 됐다.

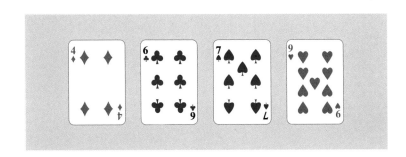

P는 회심의 미소를 지으며 속으로 '찬스'라고 외쳤다. 그러고 나서 점심베팅이 시작됐는데, 패턴스테이집에서 당연히 베팅을 하고 나왔고 두번째 집은 콜이었다. 세 번째 집은 카드를 꺾었고 P는 자신 있게 레이즈를 외쳤다.

그러자 패턴스테이집은 P의 얼굴을 몇 번이나 쳐다보며 고민을 했다. 순간 P는 '짭짤하게 한 판 건졌구나'라고 입맛을 다시며 안도의 한숨을 내쉬었다. 이러한 P의 생각은 무리가 아니었다. 패턴스테이집이 고민을 하는 순간 P가 가지고 있는 9탑 정도의 카드면 승리가 확실시되었기 때문이다. 예상대로 패턴스테이집은 곧이어 카드를 던졌다. 그랬는데······ 별로 적수라고 생각하지 않았던 두 번째 사람(M)이 바로 콜을 하고 들어왔다.

♥ 이기기 어려운 승부

그러고 나서 마지막(저녁) 커트였는데 M이 앞에서 먼저 스테이를 누르는 것이었다. 순간 P의 머리카락이 곤두서며,

'이게 뭐야? 그럼 맞은 걸로 달고 갔다는 거야?'

라고 느끼며 경계태세에 돌입했지만 어차피 그 상황에서 P의 선택은 한 가지밖에 없었다. 즉, M이 앞에서 예상외의 스테이를 한 것이 몹시 신경이 거슬리긴 했지만 여기서 9탑 메이드를 커트할 수는 없다는 이야기다. P는 찝찝한 기분을 느꼈지만,

'스테이를 눌렀다고 잘 맞았다는 보장이 어디 있어, 이걸로도 이길 수 있을지 몰라.'

라고 스스로를 달래며 같이 스테이를 했다. 그러고 나서 마지막 베팅 순

서였는데……

M은 조금의 망설임도 없이 힘차게 하프를 외치며 베팅을 하고 나왔다. 만약 M이 베팅을 하고 나오지 않으면 이길지도 모른다는 약간의 희망을 가졌지만, 막상 베팅을 하고 나오자 P의 얼굴은 천천히 흙빛으로 바뀌었다.

상황상 지금은 누가 보더라도 M이 잘 맞은 카드로 뒷집들을 데리고 간 분위기가 분명했으며, P 역시 어느 정도 그 사실을 감지했기 때문이다. P는 이기기 어려운 승부임을 직감적으로 느꼈다. 더구나 지금은 판이 꽤 커져 있어 이미 P는 콜을 할 자신마저 거의 잃어버린 상태였다. 그렇기에 만에 하나 M이 공갈을 시도한 것이라고 하더라도 P가 이길 수있는 시나리오는 나올 수가 없었다. 한참을 고민하던 P는 결국 패를 꺾었다.

♥ P는 아침커트가 끝난 후 승부를 포기했어야 했다

지금의 이 이야기는 실전의 게임에서 너무도 자주 나오는 평범한 상황이다. 그리고 마지막에 패를 꺾은 P의 선택은 올바른 결정이었다고 할수 있다.

그렇다면 지금의 상황을 일부러 늘어놓은 이유는 무엇일까?

그것은 바로 한 가지, P가 결정적인 실수를 했기 때문이다. 그 실수는 아침커트가 끝난 후 P는 승부를 포기했어야 한다는 점이다. 즉, P는 '승부는 되지만, 승부를 하지 말아야 할 상황'에서 승부를 하는 실수를 했다는 것이다.

상대가 패턴스테이인 상황에서 P는 베팅 위치가 가장 좋고, 4-6-9, 9

탑 추라이라면 이것은 누가 봐도 승부할 수 있는 상황이 분명하다. '9탑을 맞추면 이길 수 있다'라고 단정하긴 힘들지만, 9탑을 맞추면 승부가 된다는 점은 아무도 부정하지 않을 것이다. 그렇기 때문에 첫 번째 커트에서는 충분히 시도할 수 있는 운영 방법이다. 금전적 부담이 적기 때문이다.

여기까지는 P의 생각과 플레이에 필자 역시 아무런 불만 없이 동의한다. 그러나 P의 그런 생각은 여기까지다. 더 이상 이어져서는 안 된다. 다시 말해 9탑이 메이드되면 승부가 된다고 판단한 그 생각은 아침커트까지만 적용해야 한다는 뜻이다. 즉, '뜨면 거의 이기는 것도 아니고, 뜨면 승부가 된다'라는 정도의 카드를 가지고 점심커트까지 뜨려고 따라가는 운영은 절대로 해서는 안 되는 위험한 발상이다.

이렇게 이야기하면 혹자는,

"스테이집의 패가 변하는 것도 아닌데 아침에는 괜찮고 점심때는 안 된다니 무슨 괘변이냐?

그렇다면 아침커트 때부터 아예 죽든지, 아니면 2컷을 해야 하는 거 아니냐?"

라고 말하며 의문을 나타낼지도 모르겠다. 하지만 그렇게 생각해서는 곤란하다. 분명 스테이집의 패가 변하는 것은 아니다. 그렇지만 여기서 한 가지 잊어서는 안 되는 중요한 포인트가 있다. 그것은,

'이기면 100을 가지고 올 수 있는데 그 투자가 5~10 정도라면, 원하는 걸 떴을 때 무조건 이긴다고 장담하지 못하더라도 뜨면 승부가 될 수 있다는 기대감으로 승부할 수 있다.'

라는 사실이다.

하지만 똑같은 조건에서 20~30을 투자해야 한다면 이것은 투자 대비 부가가치가 훨씬 떨어지기 때문에 이때라면 그런 불확실한 승부는 할 필요가 없고, 또 하지 말아야 한다. 즉, 20~30을 투자할 때는 '원하는 걸 뜨면 이긴다'라는 확신을 앞의 상황보다는 훨씬 더 강하게 가지고 있어야 한다는 것이다.

♥ '뜨면 승부가 된다' 정도로 느끼는 승부는 아침에 끝내라

로우바둑이게임이란 6탑, 5탑을 잡고도 질 수 있는 게임이기에 언제 어느 상황에서도 뜨면 무조건 이긴다고 이야기할 수 있는 카드는—극단적으로는—퍼펙트밖에 없다. 하지만 그렇다고 여기서 퍼펙트나 5탑을 논하자는 것은 아니다.

'뜨면 이길 수 있어'라고 자신하며 들어가서 실제로 원하는 카드를 떴는데도 지는 일은 얼마든지 발생한다. 그런데 본인조차 떠도 확실히 이긴다는 자신감을 가지지 못하고 그저 '뜨면 승부가 된다'라고 느낄 정도라면 이것은 누가 보든 많은 돈을 투자하고 승부를 걸 상황은 아니라는 의미다.

누가 보더라도 '뜨면 승부가 된다' 정도로 생각하는 상황이라면 그것은 무슨 카드를 뜨던 이미 진 승부일 가능성도 충분히 있다는 것으로 해석해야 한다. 그렇다면 이런 불확실한 승부에 많은 돈을 투자할 이유가 있겠는가?

하지만 패턴스테이집을 상대로 아침커트라면 상황이 많이 다르다. 배당 대비 투자액이 적기 때문에 불확실하더라도 승부해볼 수 있다. 그러

나 앞에서도 언급했듯이 이러한 운영은 아침 한 번이고 아침커트에 맞지 않으면 점심때는 바로 승부를 포기해야 한다.

특히, 처음에 예를 들었던 상황처럼 패턴스테이집 외에도 다른 사람들이 한두 명 더 있는 경우라면 9추라이 같은 카드로 승부를 하는 것은 더욱 위험하다. 어찌 생각하기에는 '사람이 많기 때문에 뜨기만 하면 배당이 좋다'라고 착각할 수도 있겠으나, 그것은 여러분이 뜨기만 하면 거의 1등을 할 수 있을 때(여러분의 추라이가 아주 좋을 때)의 이야기라는 점을 잊어서는 안 된다. 즉, 앞의 상황처럼 여러분이 9추라이 같은 카드를 가지고 있을 때(물론 이기면 배당이 좋은 것은 사실이다) 이기기 위해서는,

첫째, 아침, 점심때 콜을 한 집이 뒷집을 달고 간 게 아니어야 한다.
둘째, 패턴스테이집은 무조건 9탑 이상이어야 한다.
셋째, 여러분은 무조건 메이드를 만들어야 한다.
넷째, 아침, 점심때 콜을 한 집이 달고 간 게 아니라면 이 사람도 못 떠야 한다.

이처럼 여러 가지 난관을 모두 극복해야 한다. 그런데 만약 첫째와 둘째 중 하나라도 문제가 생기면 여러분은 점심때 어떤 카드가 들어오든 이미 진 상황이다. 즉, 첫째, 둘째의 절대 과제를 기본으로 한 상황에서 셋째, 넷째 사항이 이루어져야 하는 네 가지 어려운 관문을 모두 통과해야 이길 수 있다는 이야기다.

어떤가? 이 정도라면 여러분 스스로도 승부할 가치가 거의 없다고 느껴지지 않겠는가? 지금의 설명을 이해하신 분들이라면 앞의 상황에서 아침커트 후 콜을 하고 따라간 P의 플레이가 왜 잘못됐는지를 이해할 것이다.

지금의 이야기는 패턴스테이집이 있을 때의 이야기다. 그리고 필자가 '초이스편'에서 패턴스테이집이 있는 상황이 아니고 모두 같이 커트를 하는 상황일지라도 베팅 위치와 자금 상황, 상대들의 스타일 등 여러 가지 부분을 모두 감안해,

'아침커트에서 탑을 커트하고 9추라이를 가지고 승부하는 것도 유력한 방법이다.'

라고 말한 바 있다. 틀림없는 사실이고 필자 역시 자주 애용하는 운영 방법이다.

이러한 커트 방법은 나름 효과도 있고 유력하게 사용될 때도 많다. 하지만 이러한 커트 방법은 아침에 메이드가 되지 않으면 공짜가 아닌 한 점심커트는 없다는 거의 절대적인 마음가짐이 반드시 동반돼야 한다는 점을 잊어서는 안 된다. 그런데 많은 사람이 9추라이를 가지고 아침에 맞지 않았는데도 당연한 듯 점심, 심지어는 저녁까지도 따라가는 어리석은 플레이를 일삼고 있다.

또 다른 예로, 아침커트에 2-4를 가지고 가는데 상대 중 한 명이 아침에 3컷을 하고 스테이를 하자, 점심커트에 9가 들어와 2-4-9 추라이가 되었다고 끝까지 메이드를 만들러 따라가는 식이다. 그리고는 간혹 한 번 씩 메이드를 맞춰 승리하게 되면 그것이 마치 자신만이 가지고 있는 승리의 비법인양, 패를 보여주며 자랑스러운 듯 어깨를 으쓱이니 너무도 안타까운 일이다.

♥ 승부는 되지만 승부해서는 안 되는 상황 : 추라이를 가지고 있을 때

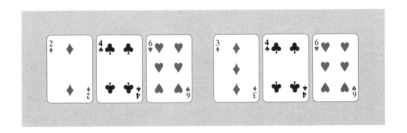

그리고 하수들이 자주 범하는 비슷한 종류의 실수가 또 한 가지 있다. 마지막 (저녁) 커트를 남겨놓은 상황에서 세 명의 승부다. 모두가 점심 때 탑을 커트했고 여러분은 메이드를 만들지 못한 상황이다. 그리고 여

러분의 추라이는 2-4-6 또는 3-4-6 정도다. 이런 상황에서 여러분은 체크를 했는데 누군가가 베팅을 했다.

이런 상황에서는 로우바둑이게임을 어느 정도 이상만 해본 사람이라면 속된말로 '숨도 안 쉬고 죽는' 그런 분위기다. 그런데 이와 같은 경우에 많은 하수들이 잘 죽으려 하지 않는다. 그 이유는,

첫째, 상대도 맞았다는 보장이 없기 때문에 뜨면 이길 수 있다.
둘째, 설혹 상대가 맞았더라도 뜨면 충분히 승산이 있다.
셋째, (상대가 안 맞았다면)추라이를 좋게 만들어 혹시 승부가 될지 모른다.

대충 이 정도다. 그러나 마지막 커트를 남겨놓은 상황에서 추라이로서 뒤져 있다고 생각된다면 이때는 무조건이라고 할 정도로 승부를 포기해야 한다. 서로가 점심에 탑을 커트한 상황에서 마지막 커트를 남겨놓고 베팅을 해왔다면, 베팅을 해온 사람이 메이드가 됐는지 추라이가 좋아서 치는지 그 시점에서는 알 수 없다.

그렇다면 여러분은 현재 추라이에서도 지고 있다고 느끼고, 상대는 아직 스테이인지 탑(한 장)인지도 모르는 상황인데, 이런 분위기에서 승부를 하겠다고 덤비는 것은 너무도 무모한 짓이 아니겠는가?

이러한 플레이는, 세븐오디게임을 예로 들면 상대는 바닥에 트리플을 깔아놓고 있는데, 여러분은 포 플러시에서 마지막에 플러시를 뜨려고 따라가는 것과 비슷하다. 아마 세븐오디게임에서 이런 플레이를 하는 사람은 거의 없을 테고, 또 실제로 트리플과 포 플러시로 비교할 정도까지 승산이 희박한 상황은 아니다. 하지만 거의 그 수준의 어려운 승부라는

사실만은 꼭 기억해두고, 이 시간 이후로는 그러한 우를 다시는 되풀이하지 않도록 노력해야 한다.

지금까지 여러 가지 예를 들어 설명을 했지만 간략하게 한마디로 정리를 한다면 '원하는 걸 뜨면 승부가 된다고 느껴지는 정도의 그런 승부는 아침에서 끝내라'라는 것이다.

모쪼록 여러분들은 점심 이후로는,

'9탑을 뜨면 승부가 된다고 생각해도, 실제로 9탑을 뜨러 가는 운영은 없다.'

라는 말을 가슴속 깊이 새겨두기 바란다.

4. 6탑으로 많은 돈을 넘겨서는 고수가 될 수 없다

"7탑은 많은 돈을 넘겨주는 패가 아니다. 6탑으로 많은 돈을 넘겨서는 고수가 될 수 없다. 5탑으로 하루에 두 번을 진다면 그것은 사기도박이다."

이 말은 로우바둑이게임을 즐기는 사람이라면 누구라도 꼭 기억해둬야 할 사항이다. 5탑을 가지고도 지는 것은 인력으로 막을 수 없는 일이다. 그러나 6탑을 가지고 질 때는 어느 정도의 큰 피해를 입을 수밖에 없지만 그 피해를 최소화할 수 있어야 한다. 그리고 7탑이라는 패는 애당초 그렇게 많은 돈을 넘겨줘서는 안 되는 족보임을 이제는 깨달아야 한다는 뜻이다(7탑의 운영법에 대해서는 뒤의 '7탑의 모든 것' 단락을 참고하기 바란다).

♥ 7탑, 6탑으로 물러설 줄 알 때 고수가 될 수 있다

서울 서초동에서 제법 큰 식당을 운영하고 있는 P는 로우바둑이게임의 상당한 마니아며 또 아마추어로서는 실력도 괜찮은 편이다.

게임 운영이나 베팅, 상대의 패를 읽는 능력 등 여러 가지 면에서 아마추어로서는 크게 나무랄 데가 없다. 그런데 이상한 현상은 상대들의 실력이 그리 뛰어나지 않은데도 P의 성적은 대부분 그리 좋지 않다는 점이다. 그 이유는 바로 P가 7탑, 6탑 등의 좋은 족보를 가지고 패할 때 너무나 많은 피해를 입기 때문이다.

P는 6탑만 가지고 있으면 상대가 아무리 강한 모습을 보여도 조금도 물러서려 하지 않는 아주 나쁜 고집을 가지고 있었다. 심한 경우에는, 필자가 보기엔 콜을 하기도 어려운 상황인데 오히려 레이즈를 하는 말도 안 되는 플레이를 일삼곤 했다. 그리고 P는 7탑을 잡았을 때도 6탑일 때보다는 덜하지만 역시 웬만해서는 물러서지 않았다.

이처럼 운영을 잘해 조금씩 모아놓은 돈을 7탑이나 6탑을 잡고 한 번 패할 때 모두 다, 아니 그 이상 없애버렸으니 게임 성적이 좋기 어려운 것이 어쩌면 당연한 일이었다.

그런데 P에게서 나타나는 이러한 현상은 로우바둑이게임의 중급자들 정도의 수준에 있는 사람들에게서 자주 나타난다. 그리고 이것은 바로 실력이라고 해야 할 부분이다. 로우바둑이게임의 일정 수준 이상에 오르게 되면 7탑이나 6탑을 가지고 있을 경우 그때그때의 진행과 베팅 상황, 그리고 상대들의 스타일 등을 감안해,

'내가 무조건 이긴 승부야.'

'지금은 기분이 별로 안 좋아, 이길지 질지 잘 모르는 상황이야.'

'상대가 공갈을 시도하는 것이 아니라면 내가 진 승부야.'

라는 식의 감각을 느끼게 되며, 일류 고수가 될수록 그 감각이 정확해진다. 그렇기에,

"7탑, 6탑으로 물러설 줄 알 때 고수가 될 수 있다."

라는 말이 우리의 가슴에 와 닿는 것이고, 고수들은 7탑, 6탑 등을 가지고 패할 때 그 피해를 최소화할 수 있는 것이다. 그러면 6탑을 가지고 있을 때의 대표적인 운영 요령에 대해 실전 상황을 한 가지 예로 들어 설명하도록 하겠다.

♥ 'A-3-5-6'으로 점심때 레이즈를 맞았을 경우

여섯 명이 하는 게임에서 여러분은 아침에 탑(한 장)을 바꿔 'A-3-5-6'으로 메이드가 돼 먼저 베팅을 하고 나갔다(여러분의 베팅 위치는 제일 앞이다).

그러자 중간에 있던 세 명이 차례로 죽었고, 다섯 번째에 있던 상대가 레이즈를 했다. 여섯 번째 순서에 있던 사람은 잠시 고민을 하다가 콜.

여러분은 숨도 안 쉬고 한 번 더 레이즈를 했으며 두 사람은 모두 콜을 하고 따라왔다. 그러면서 순식간에 판이 커졌다.

여러분은 스테이를 했고 상대들은 두 명 모두 한 장씩 바꿨다. 그리고 나서 점심커트 후 여러분은 당연히 베팅을 하고 나갔다. 두 번째에 있던 사람은 콜을 하고 따라왔는데, 마지막에 있던 사람이 레이즈를 하는 것이었다.

여기서 여러분은 어떻게 대응하겠는가?

이러한 상황이라면 일단 여러분이 죽는다는 것은 생각할 필요가 없으니 논외로 하겠다. 문제는 콜이냐, 2단 레이즈냐 둘 중 한 가지다.

이때라면 약간의 부담을 느끼더라도 2단 레이즈를 하는 쪽이 올바른 운영이다. 콜만 하는 운영은 두 번째 집을 달고 갈 수 있을지도 모른다는 가능성 외에는 큰 장점이 없는 운영 방법이다. 더욱이 여러분의 베팅 위치가 앞이라서 의도적인 달고 가기를 할 상황이 아니기에, 콜만 하는 것은 기백이 부족한 운영이라고 할 수 있다.

때문에 이와 같은 상황에서는 2단 레이즈를 하는 것이 정상적인 운영이다. 그렇다면 이때,

첫째, 상대가 콜을 할 경우
둘째, 상대가 3단 레이즈를 해올 경우

이 두 가지 경우를 상황에 따라 알아보도록 하자(처음에 콜을 했던 사람은 여러분의 2단 레이즈 때 죽은 것으로 간주한다).

· 점심때의 커트 상황 : 여러분(아침 탑 스테이, A-3-5-6), 상대1(탑), 상대 2(탑)

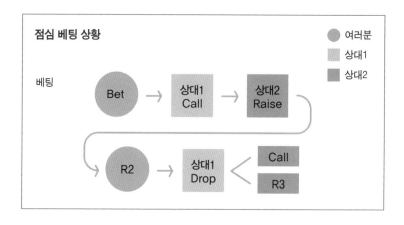

첫째, 상대가 콜을 할 경우

이때는 승리를 장담할 수는 없지만 그래도 여러분이 승리할 가능성이 높은 상황이라고 볼 수 있다. 서로 스테이를 한 후 마지막 베팅에서도 자신 있게 베팅하고 나간다. 단, 이때 주의할 점은 만약 상대에게서 마지막에 레이즈가 나온다면, 이것은 점심때 콜만 한 것이 의도적인 달고 가기 작전이 분명하므로 거의 진 승부라고 생각해야 한다는 사실이다. 즉, 마지막에 베팅하고 나갔다가 레이즈를 맞으면 죽는다는 생각을 가지고 있어야 한다는 뜻이다.

둘째, 상대가 3단 레이즈를 해올 경우

이때라면 일단 여러분이 가장 먼저 느껴야 할 기분은 '이거, 공갈이 아니면 졌구나'라는 사실이다. 그렇기에 이때라면 죽는 것이 정답에 가깝다고 할 수 있다.

하지만 A-3-5-6이라는 카드를 가지고 점심때 죽는다는 것은 산전수전을 다 겪은 로우바둑이게임의 초일류 고수들이 아닌 한 어려운 결정이다. 그래서 만약 콜을 해야 한다고 주장하면 그것 또한 무조건 잘못된 선택이라고는 말하지 않겠다.

콜을 하고 나면 마지막(저녁) 커트에서는 두 사람이 모두 스테이를 할 것이고 여러분은 뻥을 달고 나갈 것이다. 그런데 이때 상대방이 마지막에도 끝까지 베팅을 한다면 어떻게 해야 할까? 아마도 대부분의 사람들이 숨도 안 쉬고,

'여기서 죽을 거면 좀 전에 죽었지, 절대 못 죽어. 무조건 콜!'

이라고 생각할 것이다. 그 기분은 충분히 이해하지만 지금은 이기기가 더욱 어려워진 상황이라는 것을 명심해야 한다.

필자는 조금 전 점심때 상대에게 3단 레이즈를 맞았을 때 죽는 것이 정답에 가깝지만 콜을 할 수도 있다고 했다. 그랬을 때 콜을 할 수도 있는 가장 큰 이유는, (점심때의 레이즈 상황으로 미뤄 마지막에도 상대가 베팅할 것이라 어느 정도 예상되지만) 혹시 마지막에 상대가 베팅을 안 한다면 여러분이 거의 이길 수 있기 때문이었다.

그런데 상대가 마지막까지 계속 베팅을 한다면 정말로 이때는 공갈이 아닌 거의 지는 승부임이 틀림없다. 때문에 이때라도 어려운 승부임을 깨닫고 죽는 것이 올바른 선택이다. 하프베팅 룰에서 마지막 한 번의 콜은 그때가지 들어간 돈을 모두 합친 것과 같기에 이때라도 어려운 승부임을 직감하고 포기해야 한다는 것이다. 하지만,

'그럴 바에는 점심때 재차 레이즈를 맞았을 때 죽었어야 했다. 여기서 죽는 건 말이 안 된다.'

라며 강력하게 콜을 주장한다면, 그것은 여러분의 선택에 맡기겠다.

♥ 'A-3-5-6'으로 저녁때 레이즈를 맞았을 경우

조금 전의 상황은 점심커트 후에 레이즈를 맞은 상황에서의 대응을 설명한 것이다.

그러면 이번에는 상황이 조금 바뀌어 마지막 커트가 끝난 후 레이즈를 맞은 경우를 살펴보도록 하자.

여섯 명이 하는 게임에서 여러분은 아침에 탑(한 장)을 바꿔 A-3-5-6으로 메이드가 돼 먼저 베팅을 하고 나갔다(여러분의 베팅 위치는 제일 앞이다).

그러자 중간에 있던 세 명이 차례로 죽었고 다섯 번째에 있던 상대가 레이즈를 했다. 여섯 번째 순서에 있던 사람은 잠시 고민을 하다가 콜. 여러분은 숨도 안 쉬고 한 번 더 레이즈를 했으며 두 사람은 모두 콜을 하고 따라왔다. 그러면서 순식간에 판이 커졌다.

여러분은 스테이를 했고 상대들은 두 명 모두 한 장씩 바꿨다. 그러고 나서 점심커트가 끝난 후 여러분은 당연히 베팅을 하고 나갔다. 또 두 명 모두 콜을 하고 따라왔고, 역시 한 장씩을 바꿨다.

이제 마지막 베팅만 남은 상황에서 여러분은 주저 없이 하프를 외치며 자신 있게 베팅을 하고 나갔다. 그랬는데 바로 뒤에 있던 상대에게서 레이즈가 날아온 것이다. 그다음 순서에 있던 사람은 카드를 꺾었다. 자 이제 여러분의 순서다. 여기서 여러분은 어떤 선택을 하는 것이 최선일까?

여기서는 오직 콜을 하는 선택만이 있을 뿐이다. 죽는다는 것은 언어 도단이며, 2단 레이즈를 한다는 것은 위험부담이 크기 때문이다. 아마도 지금의 이 이야기에 대해,

"6탑인데 너무 소극적인 운영이 아니냐? 당연히 2단 레이즈를 하고 승부를 걸어야 한다."

라며 이의를 제기하는 분이 계실지도 모르겠다. 물론, 생각하기에 따라 그렇게 볼 수도 있는 것은 사실이다. 그리고 여러분이 2단 레이즈를 했을 때 상대가 머리를 감싸고 고민에 빠진다면 누구라도 당연히 2단 레이즈를 하라고 할 것이다. 하지만 문제는 상대에게서 3단 레이즈가 나오는 경우다.

이때는 공갈이 아닌 한 90% 이상 진 상황이다. 그렇다면 들어간 돈을 아까워하지 말고 죽어야 하는데 A-3-5-6과 같은 카드로 조금 전과 같은 상황에서 주저 없이 2단 레이즈를 하는 사람이라면 이런 경우 거의 죽는 법이 없다. 그들은,

'얼마 만에 뜬 6탑인데, 이걸 가지고 어떻게 죽어?'

라는 너무도 어리석은 신념을 가지고 있기 때문이다.

♥ 5가 달린 6탑은 깨끗한 7탑이다

하지만 가만히 생각해보면 A-3-5-6은 거의 7탑에 가까운 족보라 할 수 있다. 분명 6탑인 것은 틀림없지만 만약 상대에게서 같은 6탑이 나오면 이기기 힘든 족보다. 그렇기에 분명 6탑이지만 이와 같은 카드는 깨끗한 7탑이라는 기분으로 운영을 하는 것이 바람직하다.

이처럼 5가 달린 6탑일 때는 마지막에 탑(한 장)을 커트한 사람에게 레이즈를 맞았을 경우, 한 번 더 레이즈를 하고 싶어 손이 근질거리는 것은 충분히 이해한다. 하지만 어느 정도 이상의 큰판이라면,

'이길 것 같긴 하지만 한 번 더 레이즈를 하는 것은 무리다. 웃으면서 콜만 하자.'

라는 식의 생각을 가지는 것이 여러분에게 훨씬 더 도움이 되는 정석 플레이임을 이제는 깨달아야 한다.

두 가지 예를 들어 설명했듯이 5가 달린 6탑을 가지고 미리 스테이를 하고 있는 상황에서 탑(한 장)을 커트한 집으로부터 레이즈를 맞으면, 진다는 기분은 느끼지 않더라도 일단 경계태세에 들어가야 한다는 것이다. 그리고 그 이후의 대응은 앞의 설명을 잘 참고해 선택해야 한다.

그러나 지금의 이야기는 여러분이 아침커트에 탑을 바꿔서 A-3-5-6이 맞았을 경우를 설명한 것이다. 따라서 만약 여러분이 2컷을 해서 A-3-5-6과 같은 카드가 맞았을 때라든지, 아니면 5가 안 달린 6탑의 경우라든지, 또는 상대들의 스타일, 그때그때의 분위기 등에 따라 대응책도 달라지는 것이 사실이다. 그렇기에 6탑을 가지고 있을 때는 여러 가지 상황을 모두 판단해 여러분 나름대로 최선의 대응책을 찾아야 한다.

하지만 기본적으로 6탑은 '무조건 이기는 패는 아니다'라는 인식을 가지고 있어야 한다. 특히, 5가 달린 6탑의 경우는 깨끗한 7탑(A-2-3-7, A-2-4-7)과 같은 기분으로 운영하는 것이 여러분의 만수무강에 도움이 된다는 사실을 반드시 명심하라.

깨끗한 7탑을 가지고 있을 때의 운영에 대해서는 뒤의 '7탑의 모든 것' 단락에서 상세히 설명하도록 하겠다.

5. 패턴스테이로 큰돈을 이기려는 생각을 버려라

패턴 5탑, 패턴 6탑.

로우바둑이게임을 하는 사람이라면 누구라도 항상 머릿속에 그리는 환상의 패다. 이러한 패가 들어온다면 특별한 경우를 제외하고는 어느 정도 이상의 소득이 틀림없이 보장된다. 하지만 이러한 패는 하루에 한 두 번 잡을까 말까 할 정도로 쉽게 손안에 들어오지 않는다.

대한민국 어느 곳을 가보아도 로우바둑이게임을 배운 지 얼마 안 된 초보자나, 또는 하수의 경우에는 패턴스테이만 되면 그것이 10탑이든 J탑이든 인사불성이 되는 경우가 비일비재하다. 물론 로우바둑이게임에서 메이드가 된다는 것이 아주 쉬운 일은 아니기에 분명히 메이드로서의 가치가 있는 것은 분명하다. 그렇기에 패턴 10탑, 패턴 J탑이라고 하더라도 상황을 봐서 스테이를 하고 승부할 수 있는 경우도 있는 것은 사실이다.

하지만 패턴 10탑, J탑 등의 카드로 스테이를 하고 승부를 하더라도 게임 도중에 상대에게 레이즈를 맞으면 바로 미련을 버리고 승부를 포기해야 함은 너무도 당연한 일이다. 그런데 많은 하수들이 패턴 10탑, J탑 등을 가지고 레이즈를 맞았을 때 잘 죽으려 하지 않는다. 그것은 당연히 상대를 믿지 못하기 때문이다.

'패턴스테이라고 공갈로 밀어내려는 거구나.'

라는 스스로의 판단으로 상대를 인정하지 않는다는 것이다. 심지어는,

'밀어내기를 해? 그래 한번 해보자.'

라는 말도 안 되는 오기를 부리며 오히려 재차 레이즈를 하는 사람도 심심찮게 눈에 띤다. 그러다가 패턴 10탑, J탑 같은 참으로 아무것도 아닌 카드를 가지고 돌이킬 수 없는 엄청난 피해를 보곤 하니 그저 안타까울 뿐이다.

♥ 패턴스테이는 큰돈을 이길 수 있는 패가 아니라 큰 피해를 입기 쉬운 위험한 패

하수들은 왜 이렇게 어리석은 플레이를 마치 자신만이 가지고 있는 전가의 보도인 것 마냥 휘둘러대는 것일까?

그것은 앞에서 언급했듯이 '패턴스테이니까 상대가 밀어내기를 하는 것'이라는 너무나도 쓸데없는 고집과, 또 한 가지 중요한 이유는 바로 패턴스테이로 많은 돈을 먹으려는 욕심 때문이다. 그러나 처음에 언급했듯이 패턴 5탑, 패턴 6탑과 같이 하루에 한두 번 들어올 정도의 환상적인 패가 아닌 한 패턴스테이는 절대로 큰돈을 이길 수 있는 패가 아니라는 사실을 명심해야 한다. 아니 오히려 하수들에게 패턴스테이는 큰돈을 이길 수 있는 패가 아니라 큰 피해를 입기 쉬운 위험한 패라는 사실을 깨닫고 향후에는 그러한 과오를 범해서는 절대 안 된다.

로우바둑이게임의 고수들은 웬만한 족보로는 패턴스테이를 하지 않는다. 특히 상대들이 거친 베팅을 하는 스타일일 경우 더욱 그렇다.

고수들은 패턴에 10탑, J탑 등으로 메이드가 되면 세 판 중 두 판은

스테이를 하지 않고 바꾼다고 봐도 무방하다. 그리고 고수들은 간혹 10탑, J탑 등으로 패턴스테이를 하더라도 게임 도중에 레이즈를 맞으면 바로 포기한다. 설혹 상대가 공갈을 시도했을지라도 그것을 잡아내려고 하기보다는 인정해주고 편안하게 다음 기회를 기다릴 줄 안다는 것이다. 그렇기에 고수들은 패턴 10탑, J탑 등을 들고 큰 피해를 입는 경우가 거의 없다.

고수들이 패턴스테이를 했을 경우, 게임 도중에 레이즈를 맞고도 죽지 않고 끝까지 승부를 포기하지 않는다면 이때는 거의 만만치 않은 족보가 있을 확률이 높다는 것을 분명히 인식해야 한다.

그렇다고 해서 패턴에 10탑, J탑이 왔을 경우 무조건 스테이를 하지 말고 바꾸라는 이야기는 아니다. 상황을 판단해 승부할 수 있는 경우도 얼마든지 있다. 하지만 승부를 하게 되더라도 중간에 레이즈를 맞으면 '저거 밀어내기 아니야?'라는 식의 미련을 가지지 말고 바로 승부를 포기하라는 것이다.

그리고 이러한 마음가짐은 바로 '패턴 10탑으로 먹어봐야 얼마나 먹겠어?'라는 식의 편안한 생각으로부터 나오게 된다. 애초부터 큰 욕심을 가지고 있지 않다면 그로 인해 큰 피해를 입을 일도 자연히 없어진다는 인생의 진리다.

자금이 별로 없어서 도중에 레이즈를 맞는 것이 크게 겁나지 않는 상황이라면 패턴 10탑, J탑 등이라도 분위기를 봐서 승부할 수 있고, 또 이런 때라면 승부를 해야 한다. 이때는 적어도 공갈에 밀릴 위험은 없기 때문이다. 하지만 어느 정도 이상의 자금을 가지고 있을 때라면 앞의 이야

기를 잘 새겨두기 바란다.

지금의 이야기를 거울 삼아 패턴스테이는 득보다 해가 많은 위험한 패라는 인식을 가지고, 향후로는 패턴스테이의 유혹을 뿌리칠 수 있는 슬기로운 플레이어가 되어야 한다.

♥ 칼날을 잡고 승부하지 마라

마지막 커트를 남겨놓은 상황에서 1 : 1 승부의 경우라면(같이 한 장을 바꾼 상황), 이때는 10탑이나 J탑을 메이드시키는 것은 거의 80~90% 승리와 직결된다. 그렇기에 이러한 때의 10탑, J탑의 가치는 아무리 강조해도 지나치지 않다.

하지만 아침부터 커트가 세 번이나 남아 있고 상대도 한 명이 아니라 여러 명인 경우라면 10탑이나 J탑은 그리 큰 위력을 가지지 못함은 물론, 이 패에 대한 미련으로 인해 큰 피해를 입을 가능성이 농후하다. 그러므로 애당초 칼날을 잡고 상대의 처분을 기다리는 그런 식의 운영은 시작하지 말아야 한다.

패턴스테이를 가지고 승부하는 것을 즐긴다면, 거기에 상대에게서 레이즈가 나올 때 '저거 밀어내기 아냐?'라는 식의 마음가짐을 가진다면 (재미있는 사실은 이러한 두 가지 성향은 거의 같이 붙어 다닌다는 점이다), 이러한 마음가짐이야 말로 패턴스테이를 가지고 푼돈 먹고 큰돈을 토해내는 비효율적인 장사를 계속 반복하게 될 뿐이다.

똑같은 패를 가지고 남들이 10의 피해를 볼 때 그 피해를 5로 막고, 남들이 5의 이득을 올릴 때 10을 올리는 것이 로우바둑이게임의 고수가 되는 길이다. 좋지 않은 패를 가지고 패턴스테이를 고집하는 것은 고수가 되기 위한 기본이론에 위배됨은 물론, 스스로 섶을 지고 불로 뛰어드는 것과 같은 행동임을 잊어서는 안 된다.

당신은 이때 어떻게 하시겠습니까?

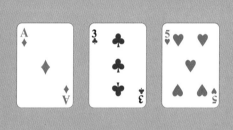

다섯 명의 로우바둑이게임이다. 아침커트 전부터 판이 요동치며 꽤 커진 상황이다. 두 명은 죽고 세 명의 승부. 여러분의 현재 패는 A-3-5, 5탑 추라이고, 베팅 위치는 가장 뒤쪽이다.

아침커트 상황(베팅 순서대로) : M-패턴스테이, S-한 장, 여러분-한 장

아침커트 후 베팅

M-베팅, S-콜, 여러분은 5가 쫑이 나며 메이드를 만들지 못했지만 레이즈를 하며 승부를 걸었다. 그러자 M은 콜을 했고, S는 카드를 꺾었다. 이제 1 : 1 승부가 됐으며, M은 다시 스테이를 했다. 여기서 여러분은 어떤 선택을 하겠는가?

ㄱ 같이 스테이를 하고 끝까지 밀어붙인다.

ㄴ 일단 같이 스테이를 하고 한 번 더 베팅을 해보고, 상대가 또 콜을 하고 스테이를 하면 그때 한 장을 바꾸고 승부한다.

ㄷ 바로 한 장을 바꾸고 승부한다.

〈답〉

실전 상황에서 참으로 자주 접하게 되는 경우다. 과연 지금과 같은 상황에서는 어떻게 해야 할까?

바로 뒤에 나오는 '중급자들의 고질병 : 멋을 부리는 플레이' 단락에서 설명하겠지만, 겉멋이 든 중급자들 같으면 ㄱ이나 ㄴ을 선택하는 사람도 있을 것이다.

ㄱ이나 ㄴ과 같은 방법은 의도적으로 밀어내기를 하려는 운영인데, 밀어내기란 상대와 상황에 대한 완벽한 확신이 있어야만 사용할 수 있는 고도의 기술이기에 초일류 실력자가 아니면 섣불리 사용해선 안 된다. 그만큼 위험부담이 크다는 것이다. 그렇기에 만약 여러분이 초일류 실력자의 수준이라면 ㄱ이나 ㄴ 어떤 방법을 선택해도 좋다.

하지만 여러분이 초일류 실력자가 아니라면 조금도 주저하지 말고 무조건 ㄷ을 선택해야 한다. 여러 가지 위험부담과 이겼을 때의 소득 등을 모두 감안했을 때 ㄷ쪽이 훨씬 더 장점이 많기 때문이다.

이 부분에 대한 상세한 설명은 중급편 게임에서 이기는 법 '2컷, 3컷 스테이집을 상대로는 한 번만 밀어라' 단락을 참고하기 바란다.

정답 : ㄷ

6. 중급자들의 고질병 : 멋을 부리는 플레이

세상만사 모든 일이 다 그러하듯 어떤 새로운 일이나 기술을 배울 때 처음에는 가르쳐준 대로 잘 따라 하다가도 조금씩 알게 되면 차차 요령을 부리고 편법을 시도해보려는 경향이 나타난다. 어쩔 수 없는 인간의 속성이 아닐까 생각한다.

그러나 이 순간에 잘못된 요령이 몸에 배게 되면 자칫 큰 낭패를 부를 수 있기에 조심해야 한다. 잘못된 요령이나 편법을 마치 정석인양 착각해 오랜 시간 동안 굳어버려 그것을 고치기 어려워지는 경우가 비일비재하기 때문이다.

이러한 현상은 로우바둑이게임에서도 그대로 나타나는데, 그것은 조금 알고 나서부터는 멋을 부리고 싶어 하는 현상이다.

보통 '멋을 부린다' 혹은 '까분다', '떼를 쓴다', '억지를 부린다' 라는 식으로 표현하는데, 대표적인 행동은 '상대를 얕보거나 무시하는 플레이, 남에게 보여주기 위한 플레이' 등이라고 생각하면 크게 틀리지 않는다. 쉽게 말해 실력이 조금 늘면서 교만해지고, 상대를 얕보게 된다는 뜻이다. 그러나 이러한 플레이는 아주 위험하다. 로우바둑이 게임에서 가장 중요하고 흔한 실수가 바로 상대를 얕보는 것이기 때문이다.

첫째, 패턴스테이나 아침3컷 스테이집을 공갈로 밀어내려고 한다.
둘째, 상대가 공갈을 시도한다고 느낄 때 더 강하게 밀어붙인다.
셋째, 베팅 위치에 상관없이 판을 흔든다.
넷째, 상대의 공갈을 잡아내려 한다.
다섯째, 8탑, 9탑 추라이로 끝까지 따라간다.

크게 이 다섯 가지 정도로 그 현상이 나타난다. 그러면 하나하나 그 내용에 대해 자세히 알아보기로 하자.

첫째, 패턴스테이나 아침3컷 스테이집을 공갈로 밀어내려고 한다

로우바둑이게임을 알게 되면서 가장 먼저 일어나는 현상이 바로 패턴스테이집이나 아침3컷 스테이집을 공갈로 죽이려 하는 현상이다. 물론 패턴스테이집이나 아침3컷 스테이집은 대부분 그리 좋은 족보로 맞아 있는 경우가 드물기에 공갈이 통하기 쉬운 것은 틀림없다. 하지만 그만큼 위험이 많다는 점도 간과해서는 안 된다. 즉, 패턴스테이나 아침3컷 스테이를 하고 있는 당사자도 마음속으로 '누군가가 공갈로 나를 밀어내려고 할 것'이라고 마음먹고 단단히 대비하고 있다는 것이다.

어느 누가 보더라도 공갈을 시도할 만한 상황이기에 당하는 사람 입장에서도 그 상황을 이미 머릿속에 그리고 있다는 이야기다. 로우바둑이게임을 하는 누구라도 한 장을 바꾸고 스테이를 한 집을 상대로는 공갈을 시도하려는 생각을 가지지 않는다. 한 장을 바꿔서 스테이를 했기에 그만큼 좋은 족보가 나올 가능성이 많기 때문이다.

그러나 많은 사람이 패턴스테이나 아침3컷 스테이집을 상대로는 공갈을 시도하고 싶은 욕망을 강하게 느낀다. 여기에 바로 위험이 있다. 그렇다고 해서 패턴스테이나 아침3컷 스테이집을 상대로 공갈을 시도하지 말라는 의미는 결코 아니다. 얼마든지 공갈을 시도해도 좋다. 단지 패턴스테이나 아침3컷 스테이집이라고 해서 너무 자주 공갈을 시도하지 말라는 것이다.

패턴스테이에서도 퍼펙트가 나올 수 있다

그리고 이것보다 더욱 중요한 점은 여러분이 패턴(또는 아침3켓)스테이집을 상대로 공갈을 시도했을 때 예상을 뒤엎고 저쪽에서 2단 레이즈를 하며 강한 모습을 보일 때나, 아니면 레이즈를 맞고도 죽지 않았을 때의 대응이다.

그중에서도 특히 패턴(또는 아침3켓)스테이집이 2단 레이즈를 했을 때의 대응이 더욱 중요하다. 이때 로우바둑이게임을 조금 알기 시작하는 시점에 있는 사람들일수록,

'패턴스테이에서 나와 봐야 뭐가 있겠어?'

라는 식으로 단정하며 3단 레이즈를 하는 운영을 일삼는다. 그런데 이러한 운영이야 말로 너무도 위험천만한 플레이인 동시에 멋을 부리는 플레이의 전형이다. 그래서 오랜 시간 잘해오다가도 이러한 판 하나로 대세를 그르치는 일이 너무도 자주 일어난다. 공갈을 시도하려고 생각했더라도 예상외로 상대가 강한 모습을 보이고 나왔을 경우에는 바로 작전을 바꿔 꼬리를 내려야 한다. 그랬으면 별 피해 없이 끝나는 아무것도 아닌 판에서 끝까지 물러서지 않고 계속 공갈로 밀어붙이는 말도 안 되는 플레이를 하며 스스로 엄청난 화를 자초한다는 의미다.

패턴(또는 아침3켓)스테이집이라 해도 얼마든지 무서운 패가 나올 수 있다는 사실을 무시하면, 언제든 큰 피해를 입을 수 있다는 점을 명심해야 한다. 물론, 언제나 패턴(또는 아침3켓)스테이집에서 좋은 족보가 나온다는 뜻은 결코 아니다. 하지만 그 가능성은 항상 염두에 두어야 하며, 특히 패턴(또는 아침3켓)스테이집이 강하게 나올 때는 더욱더 조심해야 한다.

그러나 누가 뭐래도 패턴(또는 아침3킷)스테이집에게서 높은 족보가 나올 가능성이 많지 않은 것만은 분명하다. 그렇기에 패턴(또는 아침3킷)스테이집을 상대로 공갈을 시도하는 것은 가끔 한 번씩 해볼 만한 플레이라고 할 수 있다.

오히려 베팅 위치가 좋을 때는 의도적으로 한 번씩 건드릴 필요도 있다. 하지만 그랬을 때 패턴(또는 아침3킷)스테이집이 더 강하게 나오며 2단 레이즈를 하면 바로 꼬리를 내릴 줄 알라는 의미다. 그래야만 아무것도 아닌 평범한 판에서 엄청난 피해를 입고 순식간에 게임을 망치는 일이 생기지 않는다.

둘째, 상대가 공갈을 시도한다고 느낄 때 더 강하게 밀어붙인다

바로 앞의 첫 번째 이론이 패턴스테이나 아침3킷 스테이집을 죽이려는 공갈이라고 한다면 지금의 이 두 번째 이론은 그 반대의 이야기라고 할 수 있다.

즉, 여러분이 패턴(또는 아침3킷)스테이를 하고 있는데, 상대가 공갈로 여러분을 밀어내려고 하는 것 같은 기분이 들 경우,

'내가 패턴(또는 아침3킷)스테이라고 어디서 공갈을 시도해? 니가 진짜 잘 맞았어?'

라는 식으로 단정하며 한 번 더 레이즈를 하는 플레이야 말로, 말도 안 되는 백해무익한 플레이고 또 멋을 부리는 플레이라는 것이다. 그리고 이러한 플레이야 말로 절대로 해서는 안 될 너무도 우둔한 플레이의 표본이며, 로우바둑이게임을 하는 한 한시라도 빨리 여러분의 머릿속에서 지워버려야 할 아주 나쁜 운영 방법이다.

여러분이 패턴(또는 아침3컷)스테이를 하고 있는데 상대가 점심때 한 장을 바꾸고 레이즈를 했다면 상대의 패는 진짜로 이길 자신이 있는 경우와 아니면 공갈로 밀어내기를 하려는 두 가지 중 한 가지다.

그리고 상대의 패를 보지 않는 이상 진카인지, 공갈인지는 아무도 알수 없다. 그렇기에 패턴(또는 아침3컷)스테이를 하고 있다가 레이즈를 맞으면 아주 좋은 패를 가지고 있지 않는 한 괴로운 상황이다.

게임을 하다보면 누구든 '상대가 공갈로 밀어내기를 하는 것 같다'라는 기분을 느낄 때가 있게 마련이다. 그런데 이처럼 여러분이 패턴(또는 아침3컷)스테이를 하고 있는데 상대가 점심때 밀어내기를 하는 것 같은 기분이 강하게 느껴지더라도,

'레이즈가 나올 줄 알았다. 너 잘 걸렸어!'

라는 식으로 확신을 하고 한 번 더 레이즈를 해서는 절대로 안 된다. 그러면 왜 안 되는지 그 이유를 알아보도록 하자.

앞에서도 이야기했듯이 상대가 레이즈를 했다면 ㉠진짜로 이길 자신이 있을 경우 ㉡공갈로 밀어내기를 하려는 경우, 이 두 가지 중 하나다. 그럼 각각의 경우를 하나씩 분석해보자.

㉠ 상대가 진카를 가지고 있을 경우

이때라면 아름다운 말이 필요 없다. 여러분의 엄청난 피해가 예상되는 몹시 우울한 상황이다. 그저 이런 상황이 벌어지지 않기를 빌어야 할 뿐이다.

㉡ 상대가 공갈로 밀어내기를 하려는 경우

이때 역시 여러분에게는 별로 득이 없다. 아니 오히려 적지 않은 손해

를 입게 된다. 여러분이 패턴(또는 아침3컷)스테이를 하고 있는데 상대가 공갈로 레이즈를 했다면 이것은 무조건 여러분의 패를 약하게 보고 밀어내기를 하려는 의도다.

그런데 이때 여러분이 2단 레이즈를 하게 되면 공갈을 시도하려던 상대는 대부분 꼬리를 내리게 마련이다. 그렇게 되면 이것은 저녁때 서로 스테이를 하고 상대가 저녁에 공갈을 시도하려던 의도 자체를 원천봉쇄해버리는 꼴이 된다. 즉, 상대가 공갈을 시도하려던 걸 미리 죽여 버린다는 이야기다. 이렇게 되면 저녁에 상대가 베팅해서 보태주려던 돈을 여러분 스스로가 마다하는 셈이 된다.

물론, 여기서 ⓐ상대가 계속 공갈로 밀어내기를 시도할 수도 있지 않나? 또는 ⓑ콜만 하면 상대가 한 장을 바꿀 수도 있는데 그 기회를 줄 필요가 없지 않나? 라는 식으로 의문을 제기할지도 모르겠다. 그러면 이 부분에 대해 알아보자.

ⓐ 상대가 계속 공갈로 밀어내기를 시도할 수도 있지 않나?

이것은 그야말로 여러분의 희망사항일 뿐, 실제 그런 일이 일어날 가능성은 아주 희박하다. 상대의 입장에서는 여러분의 패가 별것 없다고 보고 레이즈를 해서 공갈로 죽이려고 했는데, 여러분이 2단 레이즈를 한다는 것은 이제 여러분의 패를 만만하게 볼 수 있는 상황이 아니다. 그렇기에 그러한 상황에서도 계속,

'그래? 니가 패턴(또는 아침3컷)스테이에 그리 잘 맞았어? 좋아 어디 한 번 해보자.'

라는 식으로 계속 밀어붙이는 사람이 있다면, 그 사람은 대한민국을 휘

어잡을 초일류 고수가 아니면 아주 우매한 하수임이 분명하다. 너무도 위험성이 크기에 상대의 스타일을 99% 확신하고 있지 않은 한 실행에 옮기기 어려운 플레이라는 뜻이다.

이것은 입장을 바꿔 여러분이 공갈을 시도하는 입장이 돼 생각해보면 더 피부에 와 닿을 것이다.

ⓑ 콜만 하면 상대가 한 장을 바꿀 수도 있는데 그 기회를 줄 필요가 없지 않나?

이 부분은 분명 맞는 말이다. 공갈로 레이즈를 했는데 패턴(또는 아침3킷)스테이집이 죽지 않고 콜을 하면 작전을 변경해 한 장을 바꾸는 경우도 얼마든지 있을 수 있다. 그렇기에 이때라면 상대에게 한 번 더 기회를 주는 것만은 틀림없는 사실이다.

그러나 한 장을 바꿔 메이드를 만들 가능성은 많지 않다. 그렇기에 그 가능성을 의식해서 2단 레이즈를 한다면 그것은 얻는 것보다 잃는 게 훨씬 많은 아주 위험한 플레이다. 조금 전에 언급했듯이 상대가 진카를 가지고 있을 가능성을 완전히 무시해서는 안 되기 때문이다.

이렇듯 여러분이 패턴(또는 아침3킷)스테이를 하고 있을 때 상대가 점심때 레이즈를 해오면 그것이 거의 공갈이라는 느낌이 강하게 들더라도 2단 레이즈를 하는 것은 거의 득이 없는 우매한 플레이임을 깨달아야 한다. 그리고 이러한 플레이가 바로 로우바둑이게임을 조금 알기 시작하는 사람들에게서 흔히 나타나는 '멋을 부리는', '까부는' 플레이임을 명심하고 다시는 이런 플레이를 하지 말아야 한다.

셋째, 베팅 위치에 상관없이 판을 흔든다

로우바둑이게임을 조금씩 알게 된 중급자에게서 나타나는 또 한 가지 현상은 바로 판을 흔들고 싶어 한다는 점이다.

판을 흔드는 것은 고수들의 상용수단이기도 하다. 판을 흔들어 아무 것도 아닌 판을 크게 만들어 승리하고, 또 게임 중에 판을 흔들다가 적 당한 기회를 잡아 공갈 찬스로 이용하는 것이야 말로 하수들이 흉내 내 기 어려운 고급기술이다. 하지만 항상 적지 않은 위험부담이 따른다는 점을 잊어서는 안 된다. 때문에 판을 흔드는 기술은 함부로 사용하기 어 려운 운영법이다. 하지만 로우바둑이게임에 눈을 뜨면서부터는 거의 대 부분의 사람들이 판을 흔드는 기술을 사용하고 싶어 한다. 멋을 부리고 싶어 한다는 기본적인 점 외에도 이것은 당연한 현상이라 할 수 있다. 흔 들기 기술을 잘만 이용하면 그 효과는 상상 이상으로 크게 나타나기 때 문이다.

그렇다면 과연 고수들이 전가의 보도처럼 사용하는 흔들기 기술의 가 장 중요한 사항은 어떤 점일까?

이 부분은 한두 가지로 결론짓기에는 무리가 따를 만큼 여러 가지 상 황이 모두 어우러져야 한다. 그중에서도 가장 중요한 요소를 꼽는다면 바로 베팅 위치다. 즉, 흔들기 기술을 시도할 때는 항상 베팅 위치를 가 장 먼저 염두에 둬야 하며, 베팅 위치가 좋을 때를 찬스로 활용하라는 이 야기다.

베팅 위치가 좋을 때는 아침커트 전 베팅에서 8탑이나 9탑 등의 추라 이로 한 장을 바꾸면서도 판을 흔드는 플레이를 해도 좋다. 하지만 베팅 위치가 나쁠 때는 추라이가 좋아도 흔드는 운영을 하는 것은 득과 함께 위험도 많이 따른다는 점을 잊어서는 안 된다.

로우바둑이게임은 똑같은 패를 가지고 똑같은 인원이 남아 있어도 베팅 위치에 따라 운영법이 너무도 달라진다. 때문에 고수들이 무작정 판을 흔드는 것처럼 보일지 몰라도 항상 자신의 베팅 위치는 물론 상대의 스타일, 자금 상황 등 여러 가지 상황을 판독한 후에 판을 흔들 것인가 말 것인가를 결정한다는 사실을 간과해서는 곤란하다. 그리고 이는 여러분들도 로우바둑이게임에서 한 단계 높은 고수가 되기 위해서는 반드시 명심해야 할 사항이다.

그런데 베팅 위치는 물론 다른 상황들도 거의 고려하지 않은 채 자신의 카드만 보고 무작정 판을 흔드는 운영을 일삼으려는 사람들이 있으니, 이러한 사람들이 바로 겉멋이 들어 멋을 부리는 플레이를 하는 사람들이고, 대부분이 중급자 수준인 경우가 많다.

모쪼록 지금의 이야기를 거울삼아 베팅 위치에 상관없이 판을 흔드는 플레이를 이제는 여러분의 머릿속에서 지워버리기 바란다.

넷째, 상대의 공갈을 잡아내려 한다

로우바둑이게임에서 상대의 공갈을 잡아내 얻는 승리는 그 어떤 승리에서도 느낄 수 없는 짜릿한 쾌감을 동반한다. 그렇기에 누구나가 할 수만 있다면 상대의 공갈을 체포하고 싶은 강한 욕망을 느끼는 것은 당연한 일이다. 하지만 상대의 공갈을 체포한다는 것은 쉬운 일이 아니기에 그만큼 위험부담도 따른다. 그리고 아무리 로우바둑이게임의 신이라 하더라도 상대의 공갈을 매번 잡아낼 수는 없다. 그런데 게임을 하다보면, '나한테는 절대 공갈이 안 통해!'

라고 부르짖으며 상대의 공갈에 당하는 것을 절대 용납하지 못하는 스타일의 사람들이 의외로 많다. 이러한 스타일의 사람들을 보면 마치 상대의 공갈을 잡아내려고 게임을 하는 듯한 느낌이 들 정도다.

　상대의 카드를 보고 하는 것이 아닌 이상 로우바둑이게임에서 가끔 공갈에 당한다는 것은 너무도 당연한 일이다. 그런데도 그들은 공갈에 당하는 것 자체를 용납하지 못하는 것인지, 그게 아니라면 공갈을 잡아내는 쾌감을 너무 즐기려고 하는 것인지, 어느 쪽이든 필자로서는 도무지 이해하기 어렵다.

　이처럼 상대의 공갈을 의도적으로 잡아내려고 하는 플레이가 바로 중급자들이 자주 범하는 멋 부리는 플레이중 하나다. 손익계산이 맞지 않더라도 단지 공갈을 잡아냈을 때의 그 쾌감과 주변의 시선을 의식한 멋 부리기 플레이라는 것이다.

　하지만 이미 여러 차례 언급했듯이 공갈은 여러 가지 상황을 잘 판단해 간혹 한 번씩 시도도 해보고, 체포하려는 노력도 해볼 필요가 있는 것일 뿐이다. 다시 말해 공갈의 체포나 시도를 게임의 주요수단으로 삼아서는 험하고 험한 로우바둑이 세계에서 절대 살아남을 수 없다는 사실을 명심, 또 명심해야 한다.

다섯째, 8탑, 9탑 추라이로 끝까지 따라간다

　상대가 패턴스테이거나 아침3컷 스테이 등으로 누가 봐도 아주 잘 맞은 것으로는 인정해 주기 싫은 이런 상황에서, 9탑 추라이나 7이 달린 8탑 추라이 같은 카드를 가지고 끝까지 따라가서 승부를 하려는 플레이 역시 하루빨리 버려야 할 아주 나쁜 운영 습관이다.

상대가 패턴스테이거나 아침 3컷 스테이라면, 9탑이나 7이 달린 8탑 정도의 카드를 뜬다면 승부가 될 수 있다는 것은 틀림없는 사실이다. 특히 아침커트에서라면 투자 금액의 부담이 적기 때문에(원하는 카드를 떠도 확실하게 이긴다는 자신을 못할 때) 승부가 된다는 정도로도 승부를 걸 수 있다. 하지만 이런 식의 승부는 아침커트에서 끝내야 한다.

그러나 수많은 중급자가 자신만이 가지고 있는 비기인양 착각하고 이런 패를 가지고 끝까지 따라가는 운영을 일삼는다. 가끔 한 번씩 이겼을 때 '카드는 이렇게 치는 거야'라는 식으로 어깨를 으쓱이며 주변에 과시하고 싶은 마음에서 비롯된 플레이다.

하지만 이런 플레이 역시 대표적인 멋 부리기의 일종으로 절대 해서는 안 될 플레이임을 이제는 깨달아야 한다(이 부분에 대한 상세한 설명은 '승부는 되지만 승부를 시도해서는 안 되는 상황' 단락을 참고하기 바란다).

지금까지 다섯 가지로 나누어 멋을 부리는 플레이에 대해 알아봤는데, 이미 앞에서 모두 언급했던 내용들이다. 하지만 그 중요성을 감안해 따로 한 번 더 강조하는 것이라 생각하기 바란다.

처음에도 이야기했듯이 멋을 부리는 플레이는 로우바둑이게임을 어느 정도 알고, 자신감이 생기기 시작하는 중급자에게서 많이 나타나는 아주 나쁜 현상이고, 한두 판으로 엄청난 피해를 입는 경우가 많은 몹시 위험한 플레이다. 그러나 대부분의 중급자들이 고수가 되어가는 과정에서 반드시 한 번씩은 겪게 될 수순이기도 하다. 그렇기에 가능한 그 과정을 최소로 줄이고, 몸에 배지 않도록 노력해야 한다. 그러면서 여러분은 또 한 단계 높은 고수가 되어가는 것이다.

7. 마지막 커트를 기대하는 사람과는 돈거래를 하지 마라

여러분이 잘 알고 있는 세븐오디게임에서는 어떠한 경우에도 마지막에 자신이 원하는 카드를 뜰 확률이 20%를 넘는 경우가 매우 드물다. 이것은 가장 높은 확률이라는 20%를 기준으로 잡아도 6구까지 지고 있는 사람이 다섯 판 중 네 판은 진다는 결론이다.

그렇다면 로우바둑이게임에서는 그 확률이 어떻게 될까?

♥ A-2-3 추라이를 가지고 여러분이 마지막 커트에 원하는 카드를 뜰 확률
- 상대가 10탑일 때 : 여러분은 4, 5, 6, 7, 8, 9, 10 중 하나를 떠야 한다.
7/43 = 약 16.3%
- 상대가 9탑일 때 : 여러분은 4, 5, 6, 7, 8, 9 중 하나를 떠야 한다.
6/43 = 약 14.0%
- 상대가 8탑일 때 : 여러분은 4, 5, 6, 7, 8 중 하나를 떠야 한다.
5/43 = 약 11.6%
- 상대가 7탑일 때 : 여러분은 4, 5, 6, 7 중 하나를 떠야 한다.
4/43 = 약 9.3%
- 상대가 6탑일 때 : 여러분은 4, 5, 6 중 하나를 떠야 한다.
3/43 = 약 7.0%

▲ 43이라는 수치가 나온 이유는 여러분이 아침에 3컷, 점심에 2컷, 저녁(마지막)에 탑을 하는 경우를 가정한 수치다. 따라서 만약 여러분이 아침커트부터 탑이나, 2컷을 하고 온 상태라면 위의 확률은 더 낮아진다('포커상식5. 로우바둑이게임 3타임에서 각각의 족보를 잡을 확률' 참고).

이처럼 어려운 확률이다. 더구나 8탑, 9탑, 10탑 등을 떴을 때는 이길 확률이 아주 높지는 않다는 점까지 감안한다면 마지막 커트에 원하는 카드를 떠서 역전을 한다는 게 얼마나 힘든지 쉽게 느낄 수 있다. 그렇기에 로우바둑이게임에서는 '마지막 커트를 기대하는 사람과는 돈거래를 하지 마라'라고 하는 말이 너무도 가슴에 와 닿는 것이다.

　앞에 나타나 있듯이 7탑을 뜨면 이길 수 있는 승부라고 보았을 때, 그 확률을 세븐오디게임에서 비교한다면 마지막에 빵꾸 스트레이트를 끼우러 가는 확률과 거의 똑같다. 세븐오디게임에서는 아무리 하수라도 마지막에 빵꾸 스트레이트를 끼우러 가는 사람은 별로 없을 것이다. 그런데 왜 로우바둑이게임에서는 마지막 커트에서 상대가 스테이를 하고 있는데도 불나방처럼 달려드는 것일까?

　하수들은 모두 머리가 나빠서 도저히 위와 같은 계산을 할 엄두를 못 내기 때문일까?

　아니다. 이유는 단 한 가지. 하수들은 항상,

　'왠지 이번에는 들어가면 꼭 뜰 것 같다.'

라고 느끼기 때문이다. 즉, 매 판 그런 상황이 올 때마다 '왠지 이번에는 꼭 뜰 것 같다'라는 느낌이 바로 죽지 않고 따라가는 가장 크고 유일한 이유다. 물론, 로우바둑이게임을 하는 사람이라면 누구라도 좋은 추라이를 가지고 마지막 카드를 멋지게 띄워보고 싶다는 욕망을 가지고 있다. 그런 욕망을 가지고 있지 않다면 그 사람은 신의 경지에 도달한 달인이거나 아니면 로우바둑이게임을 전혀 즐기지 않는 사람이 분명할 것이다. 로우바둑이게임을 즐기는 한 누구라도 그런 욕망을 가지고 있지 않을 수는 없다는 의미다. 대한민국 최고의 로우바둑이게임 고수라고 해도 인간인 이상 그러한 욕망은 똑같이 느낀다. 다만 차이는 고수일수록 그 욕망을 자제할 수 있다는 것뿐이다.

♥ 여러분이 꿈꾸는 승부는 하느님이 주는 선물이다

그러나 하수들은 그러한 욕망을 자제하지 못하고, 아니 좀더 심하게 표현하면 자제할 필요를 못 느끼고 있다. 좀 전에도 언급했듯이 하수들은 항상,

'왠지 이번엔 꼭 뜰 것 같다.'

라는 자신만의 감을 가지고, 그것으로 모든 결과를 무마하기 때문이다.

그러나 우리의 인생이 그러하듯 먹고 싶은 것 다 먹고, 사고 싶은 것 다 사고, 여행가고 싶은데 다 가는 식으로 하고 싶은 것마다 다 한다면 이 사람의 장래는 평탄치 않을 확률이 훨씬 더 높은 것은 자명한 사실이다.

너무도 평범한 우리 인생의 진리는 로우바둑이게임에서도 절대 예외가 아니다. 그렇기에 항상 '왠지 이번엔 꼭 뜰 것 같다'라는 말을 전가의 보도로 사용하며 어리석은 행동을 반복하는 하수들에게 남는 것은 '올인'이라는 두 글자밖에 없다. 그렇기에 이제부터라도 상대가 스테이를 하고 있는데 따라가서 마지막에 역전을 하려는 운영이 얼마나 어려운 일인지를 깨닫고 그러한 플레이를 멈춰야 한다. 그리고 나서 이 시간 이후로는 상대에게 역전을 하게 하는 플레이를 시켜야 한다.

여러분이 K탑 메이드든, Q탑 메이드든, 먼저 스테이를 하고 있는 상태에서 상대가 마지막에 커트를 하고 들어오게 하는 승부를 하라는 뜻이다. 그리고 이때라면 아무리 큰 승부라도 물러설 필요가 없다. 어찌

바둑이 알면 이길 수 있다

됐든 역전을 하는 쪽이 유리한 승부라는 것은 로우바둑이게임에선 절대로 없는 일이기 때문이다.

상대는 A-3-4-5를 가지고 있는데 여러분은 A-2-3 추라이를 가지고 모진 매를 맞으며 끝까지 따라가 4를 떠서, 퍼펙트(A-2-3-4)를 맞춰 엄청난 승리를 거둔다. 이것은 로우바둑이게임을 하는 사람이라면 누구든 꿈속에서도 그리는 환상적인 승부다. 그리고 실제로도 불가능한 이야기는 결코 아니다. 하지만 그러한 환상적인 승리는 여러분이 좋은 일을 아주, 몹시, 상당히, 매우 많이 했을 때 간혹 한 번씩 하느님이 주는 선물이라 생각해야 한다. 그것이 아니라면 영화 속의 한 장면이거나, 아니면 꿈속에서나 상상할 수 있는 시나리오임을 이제는 깨달아야 한다.

8. 아침에만 씩씩하라

로우바둑이게임을 하다보면 고수들의 베팅은 대부분 거친 편이다. 상대들보다 훨씬 더 자주 베팅이나 레이즈가 나온다는 의미다. 그렇다고 로우바둑이게임의 고수라 해서 패가 더 잘 들어가는 것은 아닐 텐데, 어째서 고수들은 그렇게 자주 레이즈를 하며 판을 흔들고 주도권을 쉽게 장악하는 것일까?

그 해답은 그리 어렵지 않고, 그리 먼 곳에 있지도 않다. 앞에서도 언급했듯이 고수들은 확실하게 이길 자신이 있는 판에서만 레이즈를 하는 것이 아니기 때문이다. 달리 말해 그들은 승산이 반반 정도만 돼도,

아니 그보다 조금 떨어져서 30~40%밖에 안 돼도 자신의 베팅 위치와 여러 가지 상황 등을 파악해 레이즈를 하며 자주 승부를 걸어온다는 것이다.

그렇기에 레이즈를 할 때마다 다 이기지는 못해도, 이기고 지고 하며 게임을 이끌어간다. 그러면서 자연스럽게 판의 주도권을 장악하게 되는 큰 기득권을 부수적으로 가지게 된다. 그랬을 때 고수들이 즐겨 쓰는 레이즈 방법 중 하나가 바로 별로 좋지 않은 추라이로 아침커트 전에 판을 크게 키우는 베팅기술이다.

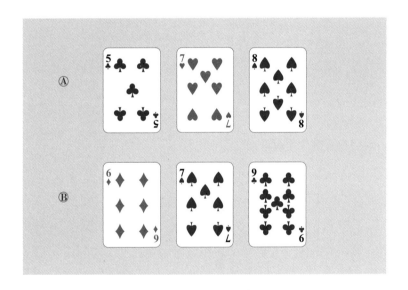

Ⓐ, Ⓑ와 같은 카드는 탑(한 장)을 커트하고 메이드를 시도할 수 있는 카드다. 그렇긴 하지만 누가 봐도 좋은 추라이라고는 할 수 없다. 따라서 대부분의 사람은 이런 카드로는 아예 여러 장을 커트하든지, 탑(한 장)을 바꾸고 남의 눈치를 보며 힘없이 끌려다니는 플레이를 하는 것이 보

통이다. 그런데 이런 카드들을 가지고 탑을 바꾸며 아침커트 전부터 판을 엄청나게 키우는 것이 바로 고수들의 전매특허인 베팅기술이다. 마치 A-2-3, A-2-4 등과 같이 아주 좋은 추라이를 가지고 있는 것처럼 말이다. 그래서 처음부터 최대한 많은 인원을 죽이고 한두 명의 상대를 데리고 승부를 한다.

그러면 어떤 현상이 일어나게 되나?

♥ 아침커트 전부터 판을 강하게 흔들었을 때 생기는 현상
첫째, 상대는 추라이가 아주 좋다고 생각해 추위를 탄다.

둘째, 사람이 줄어들었기 때문에 메이드만 되면 승산이 높다.

셋째, 메이드가 안 되면 공짜로 한 장을 더 보기가 수월하다(상대가 쉽게 베팅을 못한다).

넷째, 메이드가 안 되더라도 베팅으로 상대를 기권시킬 가능성이 있다.

이처럼 여러 가지 이유가 있으며, 이외에도 게임의 주도권을 장악할 수 있다는 엄청난 장점이 있다.

그리고 둘째, '사람이 줄어들었기 때문에 메이드만 되면 승산이 높다' 이 부분은 특히 음미해볼 가치가 있는 중요한 대목이다. 앞의 그림 Ⓐ, Ⓑ와 같은 카드를 가지고 탑을 해 메이드를 만들더라도 사람들이 거의 다 따라오게 되면 어느 누가 어떤 카드를 떠서 역전을 당하게 될지 모른다. 그리고 그 가능성은 어찌 됐든 사람 수에 비례해 높아진다고 봐야 한다.

그렇다면 로우바둑이게임에서 가장 안 좋은 것이 메이드가 되고 나서 2등을 하는 것임을 감안할 때, 어떻게 해서라도 이러한 상황은 막아야 한다는 것은 당연하고 기본적인 사항이다. 그랬을 때 앞서 말한 고수들의 그러한 플레이가 역전당할 가능성을 상당히 줄일 수 있음과 동시에, 2등을 하는 최악의 상황을 피해갈 수 있게 해준다.

그렇다고 해서 고수들이 이러한 패를 가지고 메이드가 안 되고 상황이 별로 안 좋은데도 점심, 저녁때까지 계속 강 베팅을 하며 일관한다는 것은 절대 아니다. 고수들은 그때그때의 분위기에 따라 다음 플레이를 다시 판단한다. 어차피 이러한 플레이는 아침커트 전에 한 베팅과 레이즈기 때문에 그리 큰 금액이 필요하지 않다. 즉, 그리 큰돈을 들이지 않고 처음부터 상대를 긴장시키고 공포 속으로 몰아넣는 효과를 본 후에는 그다음 상황을 보고 나서 다음 선택을 하면 된다는 것이다. 쉽게 말해 좋지 않은 추라이지만 아침에 메이드를 만들어보고, 그것이 의도대로 안 되면 점심때 바로 죽으면 된다는 식이다.

이처럼 고수들은(원하는 패가 뜨지 않으면) 언제든지 죽으면 된다는 편안한 생각을 가지고 있기 때문에 아침베팅에서 늘 씩씩한 모습을 보일 수 있다.

이러한 플레이가 주는 또 한 가지 매력은 상대를 아주 허탈하게 만들 수 있다는 점이다. 쉽게 설명하면 아침커트 전에 아주 강한 모습을 보였기 때문에 상대는 대부분 그 강한 모습이 점심때, 저녁때도 이어지리라 생각하는 것이 보통이다. 그래서 아침커트 후 상대가 간혹 좋은 패를 잡고서 '이번에 한번 죽어봐라'라며 잔뜩 벼르고 있을 때 바로 꼬리를 내리거나, 또는 좋은 추라이를 가지고도 '내가 안 쳐도 뒤에서 치겠지'라고 생각하며 체크를 했을 때 같이 체크로 응수한다든지 하는 식으로 대응하게 되면 상대는 큰 허탈감에 빠지게 된다. 이렇게 되면 상대는 여러분의 플레이를 예측하기가 어려워지며, 이것은 자연히 여러분의 승률을 높이는 데 큰 도움이 된다.

Ⓐ, Ⓑ의 카드를 가지고 고수들의 플레이를 예로 들어 설명했듯이 '아침에만 씩씩하라'라는 의미는 로우바둑이게임의 수준을 한두 단계 상향시키기 위해 필수적으로 알아둬야 할 베팅 요령이다.

♥ 아침커트 전에는 탑이 아니라도 레이즈를 할 수 있다

지금까지는 별로 좋지 않은 추라이로 탑을 하는 경우를 예로 들어 설명했지만, 베팅 위치가 뒤쪽에 있을 때는 탑(한 장)이 아니라도 커트 수에 상관없이 판을 키우고 강한 모습을 보이는 방법도 있고, 또 베팅 위치가 안 좋더라도 상황에 따라 어느 정도의 카드만 뒷받침되면 강한 모습을 보일 수도 있다는 것이다. 그리고는 아침커트에서 들어온 카드를 보고 마음에 들지 않으면 바로 꼬리를 내리면 된다. 어차피 아침커트 전에 한 번 더 레이즈하는 금액은 그리 큰 것이 아니기 때문에 큰 피해가 없다.

앞에서도 언급했듯이 이런 플레이를 함으로써 상대가 여러분의 패를 예측하기가 조금이라도 더 어려워지고 아울러 여러분이 끌려 다니지 않고 게임을 주도해나갈 수 있게 된다. 그런데 아주 쉬운 이 이야기를 하수들은 실행에 잘 옮기지 못하니 참으로 안타까운 일이다.

그렇다면 그들은 왜 이렇게 쉬운 플레이를 못하는 걸까?
확실하지 않은 판에서 레이즈를 하려니 돈이 아까워서일까?
물론, 돈이 아까운 면도 있겠지만, 그것보다 더 큰 이유는 불확실한 패

로 판을 키워놓으면 그다음을 감당해야 할 부담이 머리를 짓누르기 때문이다. 이것이 바로 하수들이 베팅을 자신 있게 못하고 레이즈를 주저하게 되는 가장 큰 이유다. 하지만 고수들은 그렇지 않다. 물론 고수들도 그다음의 상황을 전혀 무시하지는 않는다. 하지만 고수들은 아침에 투자한 돈은 그다음이 아니라 그다음, 다음, 다음의 상황을 대비해 강한 모습을 보이며 판을 조금 키워놓는다는 것 외에 그다지 큰 의미를 두지 않는 것이 보통이다.

실제로 금액도 그리 크지 않기 때문에 가벼운 마음으로 '후일을 위한 투자' 정도로 생각하고, 패를 받아본 후에 아니면 바로 기권하면 된다는 편안한 생각을 가지고 있는 것이다.

♥ 아침에 씩씩한 플레이가 주는 효과

여러분이 편안하게 마음먹고 자신 있게 보여주는 아침의 씩씩한 플레이는 여러 가지 효과를 가져다준다는 사실을 명심해야 한다. 그 효과는,

첫째, 여러분의 패를 녹녹하게 생각한다(아침에 3컷, 4컷을 하며 씩씩하게 베팅하기 때문).
둘째, 코를 판다는 의식을 전혀 안 준다.
셋째, 여러분의 패를 예측하기 어렵게 만든다.
넷째, 게임의 주도권을 잡는다.

크게 이 네 가지 정도로 볼 수 있으며, 이 네 가지 사항의 영향으로 인해 여러분이 좋은 카드를 잡았을 때 실속 있는 큰 소득을 올릴 가능성이 높

아진다는 점이 아침에 씩씩한 플레이를 함으로써 얻을 수 있는 최고의 장점이다.

실제로 아침에 한 번 더 레이즈를 하는 것은 금액상으로 미미하다. 대부분의 게임에서 저녁때 메이드집을 상대로 좋은 추라이를 가지고 한 장을 뜨려고 따라가려는 금액과 비교하면 보통 1/10~1/20 정도의 작은 금액밖에 안 된다.

메이드집을 상대로는 아무리 좋은 추라이를 가지고 있어도 승률은 기껏해야 10% 남짓이다(8탑까지 뜰 확률을 기준으로).

10판 중 9판을 지는 이런 승부를 해서는 안 된다는 사실은 누구나 쉽게 수긍할 것이다. 그런데도 하수들은 A-2-3, A-2-4를 가지고는 불나방처럼 매번 메이드집에게(그 큰 투자를 하며) 달려들면서 그 1/10~1/20밖에 안 되는 금액으로 아침에 한 번 더 레이즈를 하며 씩씩한 모습을 보이는 데는 인색한 것인지 참으로 이해하기 어렵다.

♥ 진정으로 코를 파는 사람은 점심, 저녁때 따라가지 않는 사람이다

조금 전에도 언급했듯이 아침에 씩씩한 사람에게는 로우바둑이게임을 하는 어느 누구도 '코를 판다'라며 타박하지 않는다. 그렇다면 실제로 '아침에 씩씩한 사람＝코를 파지 않는 사람' 이라는 등식이 성립하는 것일까? 아니다. 그렇지 않다.

완전히 틀린 말이라고 할 수는 없지만, 진정으로 코를 파지 않는 사람은 점심, 저녁때 좋은 추라이를 가지고 메이드집을 상대로 비싼 금액을 받고 뜨러 따라가는 사람이다.

그런데 대한민국 어느 로우바둑이게임장에서든 점심, 저녁때 아무리

죽어도 아침에만 씩씩하면 어느 누구도 코를 판다고 생각하지도 않고, 투정하지도 않고, 견제하지도 않는다. 반대로 점심, 저녁때 탑으로 메이드집을 상대로 10~20을 받고 항상 콜을 하고 따라가는 사람이 아침에 씩씩하지 않다면, 오히려 이 사람(아침에만 1 정도 투자해 씩씩한 사람보다)이 더 코를 파는 듯한 그런 느낌을 주고 있으니 참으로 불가사의한 일이다.

과연 그 이유는 무엇 때문일까?

그것은 아주 간단한 이유다. 아침에는 누구든 커트 수와 베팅으로만 상대의 스타일을 파악하게 된다. 하지만 점심이나 저녁때 메이드집을 상대로 승부할 때는 설사 어떤 사람이 기권한다 한들 어떤 카드를 가지고 기권했는지 모르기 때문에 '너는 왜 탑을 가지고 판판이 죽냐?'라는 식으로 이러쿵저러쿵 이야기할 게재가 전혀 되지 않기 때문이다. 즉, 실제로 A-2-4를 가지고 죽었어도,

'야, 너 같으면 스테이집이 있는데 8 추라이로 따라 가겠냐? 너나 그렇게 해. 난 너처럼 돈이 많지 않아서 그렇게 못해.'

라는 식으로 대답한다면 이것은 더 이상 논쟁거리가 될 수 없다는 뜻이다. 그렇기 때문에 점심, 저녁때는 아무리 추라이가 좋은 카드를 가지고 죽어도 아무도 토를 달지도 않고, 토를 달 수도 없다.

이렇듯 로우바둑이게임에서 진정으로 코를 파는 사람은 아침에 탑이나 2컷이 아니면 들어가지 않는 그런 플레이를 하는 사람이 아니라(어차피 몇 푼 절약되지도 않는다) 점심, 저녁때 좋은 추라이를 가지고 메이드집을 상대로 큰돈을 투자하며 뜨러 가지 않는 사람이라는 사실을 이제는 깨달아야 한다.

♥ 아침에만 씩씩하고 점심부턴 비겁해져라

아침에 씩씩하면 대부분의 상대가 여러분을 만만하게 보게 된다. 플레이를 막 한다고 생각한다는 것이다. 그렇기에 여러분이 좋은 패를 잡고서 계속 베팅을 하더라도 인정해주지 않고 큰 장사를 시켜줄 가능성이 그만큼 높아진다.

당연하지 않겠는가? 아침에 탑이나 2컷이 아니면 참여를 안 하는 사람과 아침에 3컷이든 박스든 물불 안 가리고 판을 키우는 사람이 있다면 강하게 나왔을 때 어느 쪽을 더 높게 인정하는지는 말할 필요가 없으리라.

그렇기에 아침에 씩씩한 사람은 좋은 패를 잡으면 최소한 어느 정도 이상의 배당은 보장되어 있다고 보아도 무방하다. 상대들이 인정해 주지 않으려 하기 때문이다. 따라서 아침에 씩씩한 플레이를 할 때는 되도록 공갈을 삼가하고 진카로 승부하는 것을 잊지 말아야 한다(물론 가끔 보여주기 위한 식의 크지 않은 공갈은 필요하다).

이처럼 처음에 몇 푼 안 들이고 씩씩한 모습을 보이고 나면 그 이후의 모든 게임이 아주 편안해지고 유리해진다는 점을 여러 가지 사항을 들어 설명했다.

'아침에 씩씩하라'라는 말은 로우바둑이게임의 고수가 되기 위한 절대적인 필수 요소라 해도 과언이 아니다. 하지만 아침에 씩씩한 것이 필요하다고 해서 패가 좋지 않은데도 점심, 저녁때까지 그 씩씩함이 이어진다면 이것은 스스로 섶을 지고 불로 뛰어드는 것과 같은 모양새다. 오버 페이스는 절대 금물이다.

아침에 씩씩한 사람은 누구든 인정하지 않으려 하는 것은 당연한 일이고, 그렇다면 그에 대한 대응은 당연히 반대로 해야 하지 않겠는가? 아침에만 씩씩하고 점심때부터는 바로 카멜레온처럼 변신해서 비겁해지라는 뜻이다.

9. 2컷, 3컷 스테이집을 상대로는 한 번만 밀어라

남대문 시장에서 꽤 큰 옷가게를 운영하고 있는 T. 상가의 조기축구회 회원이기도 한 T는 특별한 일이 없으면 상가 사무실에서 로우바둑이게임을 즐기는 평범한 인물이다. 로우바둑이게임이라고 해도 시장 내 상가 사무실에서 간혹 즐기는 것이기에 그저 친목도모 수준이다.

필자는 간혹 그 사무실에 들리곤 하는데, 게임을 하러 가는 것은 아니고 개인적인 일이나 T를 만나기 위해서다. 그런데 이곳에서 벌어지는 로우바둑이게임을 보며 필자는 T에게서 아주 재미있는 현상을 한 가지 발견했다.

게임 도중 상대가 아침에 2컷이나, 3컷을 하고 스테이를 하면 T는 마치 기다리고 있었다는 듯이 거의 레이즈를 하는 것이었다. 물론 매번 그렇다는 것은 아니고, 상대가 2컷이나 3컷 스테이를 하고 T가 탑(한 장)을 바꿨을 경우에는 거의 세 판에 두 판 정도 비율로 자주 레이즈를 하는 것이었다.

상대가 2컷이나 3컷을 한 후 스테이를 한 상황에서, 그 후에 탑을 커트한 집이 레이즈를 하는 것은 몹시 자주 발생하는 현상이고, 또 누구라도 공갈이든 진카든 레이즈를 해서 흔들어보고 싶은 충동을 느끼는 상황인 것만은 분명하다.

그렇기에 여기까지는 그다지 크게 특별하다고 따로 언급할 필요는 없다. 그런데 T는 이처럼 레이즈를 해서 승부를 걸었을 때는 거의 예외 없이 끝까지 밀어붙이는 것이었다. 다시 말해 T가 레이즈를 했는데 상대가 콜을 하고 스테이를 눌렀는데도 T는 거의 예외 없이 같이 스테이를 누르고 끝까지 밀어붙인다는 이야기다.

좋은 패가 맞았을 경우라면 누구라도 당연히 그렇게 해야겠지만, 문제는 그런 플레이를 했을 때 T에게서 나오는 패는 좋은 카드보다 공갈의 경우가 더 많다는 점이다. 즉, 상대가 2컷이나 3컷을 하고 스테이를 했기에 만만하게 보고 끝까지 베팅을 해서 밀어내기를 하려는 의도인데, 아주 가끔이라면 효과를 발휘할 수 있을지 몰라도 자주 이러한 플레이를 일삼는 것은 절대 금물이다. 아니, 자주가 아니라 간혹 시도하더라도 T와 같은 플레이는 득보다 실이 훨씬 많은 위험한 운영법임을 명심해야 한다.

♥ 상대는 밀어내기냐, 아니냐로 대응을 판단한다

2컷이나 3컷을 하고 스테이를 했다면 누가 보더라도 일단은 아주 좋은 패로 메이드가 됐을 가능성은 많지 않다고 생각한다. 그리고 그러한 사실은 2컷이나 3컷을 한 후 스테이를 하고 있는 본인(R)이 가장 잘 알고 있다. 그렇기에 레이즈를 맞았을 때 거의 대부분의 경우 R은 T의 플레이를 '밀어내기냐, 아나냐'로 대응을 판단하게 되는 것이 보통이다.

이것은 당연하고 또 정확한 상황판단법이라 할 수 있다. 2컷이나 3컷에 10탑이나 J탑으로 메이드가 되었다면, T가 7탑이든 퍼펙트이건 잘 맞은 것에는 큰 관심을 가질 필요가 없다. 중요한 것은 T의 플레이가 '밀어 내기냐, 아나냐'의 판단이다. 그리고는 그때그때의 상황과 T의 스타일을 감안하여 대응을 결정하게 된다.

이러한 면에서 보았을 때 R이 레이즈를 맞고도 죽지 않고 콜을 하고 스테이를 했다는 것은,

> 첫째, R이 승부할 만한 괜찮은 패를 가지고 있다.
> 둘째, R이 'T의 패를 인정 못해. 밀릴 수 없어'라고 판단한다.

둘 중 하나라고 봐야 한다.

그렇다면 이제 T가 같이 스테이를 누르고 공갈로 계속 밀어붙이더라도 첫째의 경우라면 이길 수가 없다. 어차피 계속 콜을 할 것은 너무도 당연하기 때문이다.

따라서 이길 수 있는 길은 둘째의 경우에서 R이 처음엔 T의 패를 인정하지 않았다가 나중에 마음을 바꿔 인정해주길 바라는 길밖에 없다. 물론, 이러한 상황도 얼마든지 발생한다. 하지만 이런 식으로 나중에 마음을 바꿔 인정해주는 것은 쉬운 일이 아니다.

어찌 됐든 R이 처음 레이즈를 맞았을 때 인정해주지 않겠다는 것은 그 탄력이 이어질 가능성이 조금이라도 더 높기 때문이다. 즉, 인정할 바에는 레이즈를 맞았을 때 바로 인정해줄 가능성이 더 높지 않겠느냐는 것

이다.

앞의 예와 같이 T가 2컷, 3컷 집을 상대로 좋은 추라이를 가지고 레이즈를 하며 한번 흔들어보는 것은 나름대로 의미가 있는 플레이다. 하지만 상대가 콜을 하고 스테이를 하면 이때는 같이 스테이를 하고 끝까지 밀어붙이려는 생각을 하지 말고 바로 한 장을 바꾸는 운영을 해야 한다. 즉, 한번 건드려보고 상대가 안 밀리면 억지로 밀려고 하지 말고,

'안 밀려? 뭔가 사연이 있는 모양이군. 내가 잘못했다.'
라는 식으로 편안하게 생각하고 한 장을 바꾸면 된다는 이야기다.

이런 식의 유연한 플레이를 함으로써 말도 안 되는 패로 엄청난 피해를 보는 일을 방지할 수 있다. 그리고 이러한 현상은 2컷이나 3컷 스테이집만이 아니라 패턴스테이집을 상대로도 자주 일어나는 일인데, 이때도 대응 방법은 마찬가지다.

상대가 자신의 전력을 어느 정도 이상 드러낸 상태에서 레이즈를 맞고 콜을 하고, 스테이를 한다면 너무 얕보지 말라는 것이다. 상대도 일부러 돈을 잃어주기 위해 게임을 하는 것이 아닌 한, 무엇인가 사연이 있든지 나름대로의 생각을 가지고 있다는 사실을 잊어서는 안 된다.

10. 안되는 날의 대표적인 현상

오랜 세월 로우바둑이게임을 경험해온 필자에게는 지금껏 잊히지 않는 명승부가 너무도 많다. 게임에 참가한 첫판, 아침 2컷에 서드(A-2-4-

5)가 맞았는데 상대는 아침2컷에 퍼펙트(A-2-3-4)였던 일—당시는 테이블머니 제도가 아니었기에 그 한 판에 완전 올인이었다. 자리를 잡고 채 앉기도 전에 바로 일어나야 했던 슬픈 기억이다.

그리고 패턴에 A-2-3-6이 맞았는데 상대가 점심탑에 A-3-4-5를 잡아 지고 난 후, 바로 다음 판 아침3컷에 또 A-2-3-6이 맞았는데 똑같은 사람이 또 점심탑에 A-2-4-5를 잡아 연속 두 판 패했던 일. 필자는 아침3컷에 퍼펙트로 맞았는데 상대는 점심2컷에 세컨드(A-2-3-5)를 맞춰 다 밀어 넣어준 일.

이야기를 늘어놓자면 끝이 없지만, 지금까지 가장 강하게 기억에서 지워지지 않는 승부는 서울 마장동의 한 게임장에서의 일이다.

♥ 천하 없는 고수도 이길 수 없는 날이 있다

다섯 명의 로우바둑이게임이다. 이날의 멤버는 필자를 포함한 5인 모두가 장안에서는 꽤나 이름을 날리고 있던 일류였다. 모두가 하나같이 일류 실력자였기에 당연히 판의 규모도 꽤 컸고, 게임의 분위기 역시 상당히 긴장되고 박진감 있는 상황이었다.

이때는 필자 역시도 전성기라 해도 좋을 만큼 괜찮은 성적을 올리고 있던 시기였으며, 이날 역시도 선전하고 있는 중이었다. 그러면서 게임은 반환점을 지나 후반전으로 들어선 시점이었는데, 이때까지 필자는 다섯 명 중 두 번째 성적을 기록하며 적지 않은 금액을 이기고 있는 상태였다.

그런데 그 순간 30년이 넘는 필자의 포커인생에서 영원히 잊히지 않을 절묘한 승부가 벌어졌다.

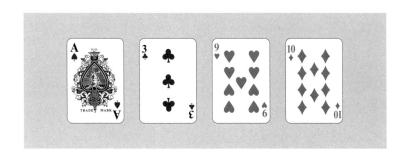

처음에 패를 받아보니 위의 그림처럼 A-3-9-10이 들어왔다. 패턴에 10탑으로 메이드가 된 것이다. 필자는,

'2컷을 따? 스테이를 해?'

잠시 망설였으나 아침커트 전에 한두 번 레이즈가 왔다갔다하고 나니 상대(이때까지 1등의 성적을 기록하고 있던 인물-P)가 한 명밖에 남지 않았는데 2컷을 하는 것이었다. 그래서 필자는 베팅 위치도 좋았기에 스테이를 했다.

그리고 나서 게임이 이어졌는데 P는 아침에 2컷을 바꾸고 뻥을 달았다. 필자는 당연히 베팅을 했는데 P가 레이즈를 하는 것이었다. 아직까지는 판이 심하게 커지지 않은 상황이었기에 필자는 콜을 하고 상황을 보기로 했다. 필자가 콜을 하자 P는 묘한 미소를 지으며 필자의 얼굴을 한 번 슬쩍 보더니 다시 2컷을 바꾸는 것이었다. 그러고는 또 뻥을 달았다.

필자는 당연히 또 베팅. 그런데 여기서 P가 또 레이즈를 하는 것이었다. 보통의 경우 이처럼 두 번 연속 똑같은 공갈을 시도하는 것은 드문 일이었기에, 순간 필자는 '이건 공갈 상황이 아닌데……'라고 생각했지만 조금 전에도 레이즈를 하고 2컷을 땄던 상황이었기에 왠지 죽기가 싫

었다. 필자는 잠시 고민했지만 콜을 하고 상황을 보기로 했다. 필자가 콜을 하자 P가 이번에는 스테이를 외치는 것이었다.

패턴스테이집에 아침에 2컷 후 레이즈, 점심때 다시 2컷 후 또 레이즈, 그리고 스테이.

상황으로 볼 때 공갈이 아니었다. 하지만 P는 초일류 실력자였기에 얼마든지 허허실실 작전이 나올 수 있었다.

짧은 순간에 이런저런 시나리오를 상상해봤지만 필자는 커트를 하려면 한 장이 아닌 두 장을 바꿔야 할 상황이었다. 그렇기에 P를 공갈이 아니라고 인정하고 2컷을 바꾼다는 것은 그냥 게임을 포기하는 것이나 마찬가지였으므로 망설일 수밖에 없었다.

그러자 P의 패가 공갈로 보이기도 하고, 또 한편으론 '같이 스테이를 누르고 마지막에도 치고 나오면 그때 죽을까?' 하는 생각도 들어 머리가 잠시 혼란스러웠지만, 점심때의 레이즈 상황과 P의 스타일상 마지막에도 베팅을 하고 나올 확률이 훨씬 높다고 결론을 내렸다. 결국 필자는 P의 패가 공갈이 아니라고 인정하고 2컷을 바꾸며 사실상 승부를 포기했다.

그런데 이게 무슨 일인가?

2컷을 했는데 4-5가 들어오며 A-3-4-5가 메이드된 것이다.

순간 필자가 얼마나 좋아했는지는 여러분의 상상에 맡기겠다. 예상대로 P는 베팅을 하고 나왔고 필자는 당연히 레이즈, 그러자 P에게서 2단 레이즈가 나왔고 필자는 숨도 안 쉬고 3단 레이즈를 날렸다. 그런데 이쯤에서 머리를 감싸며 신음 소리를 내야 할 P가 상상을 뒤엎고 4단 레이즈를 하는 것이 아닌가?

순간 필자는 '뭐야? 이게 웬 호떡이야!'라고 쾌재를 부르며 날아갈 듯한 기분이었지만, 이미 필자의 앞에는 더 이상 레이즈할 돈이 없었고, 콜을 하기에도 약간 부족한 상황이었다. '돈이 없어서 더 못 먹네.' 필자는 아쉬움을 달래며 앞에 남아 있던 돈을 모두 밀어 넣었다. 그랬더니 P는 필자의 얼굴을 바라보면서 너무도 여유 있는 목소리로,

"아주 잘 맞았으면 가지고 가시지요."

라며 자신의 패를 바닥에 오픈했는데, P의 패는 세컨드(A-2-3-5)였다.

P의 패를 보는 순간 필자는 할 말을 잊은 채 그저 망연자실한 표정으로 P가 돈을 챙겨가는 모습을 바라보고 있을 수밖에 없었다. 그 상황에서는 누구라도 비슷한 결과가 나올 것임이 틀림없다.

P가 2컷이었고, 패턴스테이집을 대상으로 레이즈를 한 것이었기에 누구라도 그때는 그리 높게 보지는 않을 상황이었다. 더구나 그 전에 공갈 레이즈도 한 번 나오며 서로의 기세 싸움도 약간 작용한데다 필자 역시 마지막에 2컷을 바꾼 것이었기에 여러 가지 정황상 도저히 피할 수 없는 승부였다.

2컷에 A-3-4-5가 맞았을 때의 환상적이 기쁨을 느끼며 '돈이 없어서 더 못 먹네'라며 입맛을 다시다가, 채 30초도 지나지 않아 '거기서 왜 A-3-4-5가 맞는 거야. 차라리 10탑으로 스테이를 하고 베팅하면 죽을 걸 그랬네'라며 말도 안되는 후회를 하고 있었으니 사람의 일이란 참으로 새옹지마다.

지금의 이 판은 거의 평생을 포커게임과 함께 살아온 필자에게 아직까지 가장 강하게 각인돼 있는 승부다. P의 패가 세컨드(A-2-3-5)임을 확

인하는 순간, 필자는 말 그대로 전기에 감전된 듯 모든 동작과 사고가 마비되어 버렸다. 그만큼 큰 충격이었다.

하지만 지금 돌이켜보면 그날의 승부에서 게임이 안되는 날의 승부가 얼마나 어렵고 힘든 것인지 다시 한 번 깨달았으며, 그 깨달음이 필자의 포커 인생에 엄청난 도움과 교훈이 되었다고 자신 있게 말한다.

필자의 이야기를 예로 들었듯이, 게임이 안 풀리는 날은 천하 없는 고수라 할지라도 방법이 없다는 사실을 여러분들은 꿈에서도 잊지 말아야 할 것이다. 그러면 게임이 잘 안되는 날이란 어떤 날을 의미하는지 대표적인 현상들을 알아보기로 하자.

♥ 안되는 날의 대표적인 현상

첫째, 좋은 패를 잡으면 장사가 안된다. 패턴에 5탑, 6탑을 잡고, 2~3컷에 5탑, 6탑을 잡아도 손님이 없다.

둘째, 8탑, 9탑으로 메이드가 되면 판판이 레이즈를 맞는다.

셋째, A-2-3, A-2-4 추라이로 가면 중요한 찬스에서 항상 헛손질만 한다.

넷째, 상대가 어정쩡한 카드로 패턴스테이를 하고 승부를 걸어와 7탑이나 8탑만 떠도 큰 장사를 할 수 있을 때는 한 번을 못 뜬다.

다섯째, 분위기를 바꾸기 위해 오랜만에 공갈을 한번 시도해보면 상대가 못 뜨면 죽을 판인데 저녁에 메이드를 만들어 확인한다.

여섯째, 7탑, 8탑으로 이길 때는 돈이 안되고 승부가 걸리면 진다.

일곱째, 떠서 더 큰 피해를 입는다.

여덟째, 여러분은 추라이가 아주 좋은데 못 뜨고, 상대가 마지막에 J탑, Q탑 등을 떠서 진다.

아마도 로우바둑이게임을 어느 정도 이상 즐겨온 사람들이라면 앞에서 언급한 이런 상황들을 많이 느껴보았으리라 생각한다. 이러한 날은 천하 없는 고수라 해도 결과는 올인밖에 없다. 그리고 이러한 상황은 본인 스스로가 가장 정확하게 느낄 수 있다. 그런데 하수들은 이상하게 이것을 인정하지 않으려 한다. 그리고는 '그래, 언제까지 안되는지 한번 해보자'라는 너무도 위험한 오기를 부리며 깊은 나락으로 빠져드는 일이 비일비재하다.

이러한 사람들은 마치 이날 이후로는 다시는 게임을 하지 않을 것처럼 행동한다. 물론, 그날을 마지막으로 게임을 영원히 그만둘 강한 각오를 가지고 있다면 그렇게 해도 좋다. 그렇다면 여한 없이 해볼 필요도 있다. 하지만 그게 아니라면 그러한 생각이나 행동은 너무도 위험하다.

순식간에 인사불성이 되어 100, 200을 아무 거리낌 없이 날려버리지만, 다음 날이 되면 10, 20이 다시 큰돈으로 다가오게 된다는 것을 잊어서는 안 된다.

그렇기에 게임이 안되는 날 여러분이 할 수 있는 유일한 선택은 일분 일초라도 빨리 자리에서 일어서는 것뿐이라는 사실을 마음속에 깊이깊이 새겨둬야 한다. 만약 규정에 의해 미리 일어나는 것이 안 된다면, 이때는 최대한 조심하면서 가능한 한 큰 승부를 만들지 말아야 한다. 그리고 평소보다 훨씬 더 타이트한 플레이를 하면서 피해를 최소로 막아야 한다.

여러 가지 바둑이게임 소개

1. 깜깜이바둑이 하이로우

깜깜이바둑이 하이로우게임은 말 그대로 바둑이게임을 하는데 하이와 로우, 두 방향에서 각각 한 명씩의 승자가 나와 판에 쌓여 있는 돈을 반씩 나누는 게임이다. 깜깜이바둑이 하이로우게임은 한 명이 독식을 하는 로우바둑이게임과는 다른 매력과 특징을 가지고 있다. 그래서 모든 바둑이 게임 중 로우바둑이에 이어 가장 많은 사람들이 즐기고 있는 게임이다. 하지만 로우바둑이게임과는 운영 요령에 많은 차이가 있으므로 유념해야 한다. 깜깜이바둑이 하이로우게임의 진행 방식과 룰은 로우바둑이게임과 동일하므로, 족보에 관해서만 알아보도록 하자.

깜깜이바둑이 하이로우게임에서의 족보

(1) 로우 쪽의 족보 : 여러분이 알고 있는 로우바둑이게임의 족보와 같다.
(2) 하이 쪽의 족보 : 간단하게 로우 쪽의 족보 순서와 '정반대'라고 생각하면 된다(물론 메이드라는 가정하에서). 그랬을 때 하이 쪽의 족보는 '자신이 가지고 있는 네 장의 카드 중 가장 낮은 숫자가 높은 사람이 이기는 것'이다. 이해를 돕기 위해 아래의 그림을 보기로 하자.

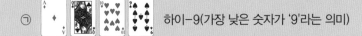 하이-9(가장 낮은 숫자가 '9'라는 의미)

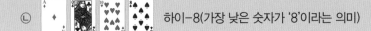 하이-8(가장 낮은 숫자가 '8'이라는 의미)

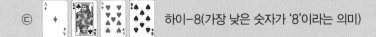 하이-8(가장 낮은 숫자가 '8'이라는 의미)

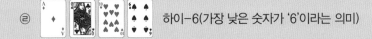 하이-6(가장 낮은 숫자가 '6'이라는 의미)

위의 ㉠~㉣까지의 카드를 살펴보면 모두 메이드다. 그리고 각각의 카드에서 가장 낮은 숫자는 ㉠→9, ㉡→8, ㉢→8, ㉣→6이다. 그래서 이 숫자를 비교해 높은 사람이 이기게 되는 것이다.

결국 ㉠~㉣의 족보를 비교해 보면,

㉠→가장 높다 ㉡→두 번째 높다 ㉢→세 번째 높다 ㉣→가장 낮다

㉡과 ㉢은 같은 '하이-8'이지만 그다음 카드의 비교에서 ㉡→10, ㉢→9가돼 ㉡이 이기는 것이다.

그럼 하이 쪽에서 가장 좋은 족보는 무엇인지 몇 가지만 알아보기로 하자.

: 가장 높은 족보. 하이 퍼펙트, 하이 골프 등으로 표현한다.

: 두 번째로 좋은 족보. 낫싱-10, 세컨드 등으로 표현한다.

: 세 번째로 좋은 족보. 하이-10, 서드 등으로 표현한다.

지금까지 깜깜이바둑이 하이로우게임의 하이와 로우의 족보에 대해 알아봤다. 여기서 알 수 있는 사실은, 깜깜이바둑이 하이로우게임에서는 '로우 쪽이 좋으면 좋을수록 하이 쪽으로는 그것에 비례해 약해지며, 하이 쪽으로 좋으면 좋을수록 로우 쪽으로는 그것에 비례해 약해진다'라는 것이다(물론 노 메이드에게는 이긴다).

그러므로 깜깜이바둑이 하이로우게임에서는,

ⓐ 하이-6, 로우-8 (A-6-7-8)
ⓑ 하이-7, 로우-9 (A-7-8-9)

ⓐ, ⓑ 등과 같이 하이와 로우 양쪽 모든 방향에서 어느 정도 이상의 위력을 가지고 있는 카드가 효과적인 경우도 있다. 하지만 그 반면에 ⓐ, ⓑ와 같은 카드는, 상대가 강한 모습을 나타낼 때는 오히려 갈 곳이 없어지는 경우도 많으므로 유념해야 한다.

• A는 하이 쪽이든 로우 쪽이든 양쪽 방향에서 항상 가장 좋은 카드다.
• 하이와 로우 양쪽 방향에서 모두 이길 자신이 있을 경우 스윙을 할 수 있다. 단, 스윙을 했을 때는 하이와 로우 두 방향 모두에서 무조건 이겨야 하며

이때는 혼자서 판에 쌓인 돈을 독식하게 된다.

- 스윙을 했을 때, 하이와 로우 둘 중 어느 한쪽 방향에서라도 지거나 무승부가 나오면 스윙한 사람의 패배로 인정된다. 이때는 스윙한 사람이 판에 쌓인 돈을 한 푼도 가져올 수 없다.

2. 오픈바둑이 하이로우

강 게임과 함께 가장 파괴력이 크고 가장 배짱이 중요하다고 말해지는 이 오픈바둑이 하이로우게임은 아주 단순한 듯 보이지만, 실제로는 고급 테크닉과 운영이 절대적으로 필요한 게임이며 하이로우게임의 일류 실력자들이 많이 즐기는 게임이다.

(1) 게임의 룰 : 오픈바둑이 하이로우 2타임

① 첫 번째 카드를 오픈해서 나눠준다.

② 두 번째 카드를 히든으로 나눠준다.

③ 첫 번째 베팅

④ 세 번째 카드를 오픈해서 나눠준다.

⑤ 두 번째 베팅

⑥ 네 번째 카드를 오픈해서 나눠준다.

⑦ 세 번째 베팅

⑧ 첫 번째 커트

⑨ 네 번째 베팅

⑩ 두 번째 커트

⑪ 마지막 베팅

⑫ 승부 결정

1타임 : 한 번 커트 후 베팅하고 바로 승부 결정.

2타임 : 두 번 커트 후 베팅하고 승부 결정.

3타임 : 세 번 커트 후 베팅하고 승부 결정.

→ 베팅이 너무 많고 커질 수 있으므로 장소에 따라 2타임보다 한 장을 더 오픈하고 나서 첫 베팅을 시작하는 곳도 있다.

• 보통 1타임은 하프베팅 룰을, 2, 3타임은 리미트베팅 룰을 이용하는 곳이 많다.

• ⑧, ⑩번에서 히든카드를 커트하면 새로운 카드를 히든으로 주고, 오픈된 카드를 커트하면 오픈으로 준다.

• 본인의 의사에 의해 언제든 카드를 바꾸지 않을 수 있다.

• 족보와 승자를 가리는 방법은 깜깜이바둑이 하이로우게임과 똑같다.

• 베팅과 커트 순서는 항상 딜러 좌측에 있는 사람부터 시계방향으로 돌아가며 진행된다.

3. 플러시(Flush)바둑이 하이로우

플러시바둑이 하이로우(이후로는 편의상 '플러시바둑이'로 부르기로 하자) 게임은 모든 진행 룰이 깜깜이바둑이 하이로우게임과 완벽하게 같다. 단지, 깜깜이바둑이 하이로우게임과의 차이점은 한 가지 무늬로 네 장을 모두 맞추고서 하이와 로우를 결정한다는 점뿐이다.

한 가지 무늬로 네 장을 맞춰야 하기 때문에 메이드를 만들기가 어려운 게임이며, 반면 메이드가 됐을 때의 위력은 그만큼 크다고 할 수 있다. 그래서 플러시바둑이게임은 3타임 룰이 주로 사용되지만, 서로가 메이드를 잡을 수 있는 가능성을 높이기 위해 커트의 기회를 네 번 주는 4타임의 룰을 사용하는 곳도 많다.

플러시바둑이는 거의 대부분 하이로우게임으로 이용되지만, 간혹은 '플러시바둑이-하이', 또는 '플러시바둑이-로우'라는 형식의 독식게임으로도 이용된다.

4. 페어바둑이

페어바둑이게임은 아주 독특하고 흥미 만점의 게임으로서 바둑이게임과 세븐오디게임을 합쳐 놓은 게임이다. 즉, 하는 방식은 로우바둑이게임과 같고, 족보는 세븐오디게임과 바둑이게임을 합쳐놓은 그런 룰이라 생각하면 된다. 즉, 네 장 모두 다른 무늬로 세븐오디게임의 높은 족보를 맞춘다는 의미다.

이해를 돕기 위해 족보를 소개하겠다.

● 페어바둑이게임 족보 순서

① 포 카드 : 무늬가 모두 다를 수밖에 없다.

② 트리플 : 무늬가 모두 달라야 한다.

③ 투 페어 : 무늬가 모두 달라야 한다.

④ 원 페어 : 무늬가 모두 달라야 한다.

⑤ 노 페어:바둑이 하이로우게임의 하이퍼펙트.

당신은 이때 어떻게 하시겠습니까?

다섯 명의 게임이고 여러분의 위치는 뒤에서 두 번째다. 아침커트를 하기 전에 한 명이 죽고 네 명이 남아 있다.

• 아침커트 상황(베팅 순서대로) : S-2컷, M-2컷, 여러분-탑(한 장), D-2컷

아침커트 때 여러분은 A-3-6에서 8이 들어와 'A-3-6-8', 8탑으로 메이드가 됐다.

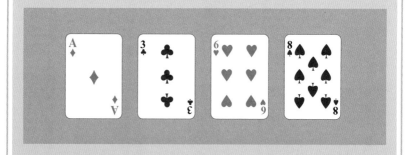

• 아침커트 후 베팅 상황 : S-베팅, M-콜, 여러분-레이즈, D-드롭

                S-콜, M-콜

• 점심커트 상황(베팅 순서대로) : S-탑, M-탑, 여러분-스테이

- 점심커트 후 베팅 상황 : S-삥, M-삥콜, 여러분-베팅

  S-레이즈, M-드롭, 여러분-콜

- 저녁커트 상황(베팅 순서대로) : S-스테이, 여러분-스테이

- 저녁커트 후 베팅 상황 : S-베팅, 여러분-?

이러한 상황에서 여러분은 어떤 선택을 하겠는가?

㉠ 콜

㉡ 레이즈

㉢ 드롭

〈답〉

지금과 같은 상황에서는 아쉽더라도 승부를 포기할 줄 알아야 한다. 죽어야 한다는 것이다.

이렇게 이야기하면 혹자는,

'그럴 바에는 점심때 레이즈를 맞았을 때 죽어야지. 그땐 콜을 하고 나서 마지막에 와서 왜 죽어?'

라고 주장할지도 모르겠다.

만약 바로 앞의 주장처럼 점심베팅에서 레이즈를 맞았을 때, 바로 죽을 수 있다면 그 사람은 분명 대한민국 로우바둑이계를 호령할 만한 초일류 실력자이거나, 아니면 로우바둑이게임을 시작한지 얼마 안 되는 초보자이리라 생각된다. 그만큼 그 상황에서 바로 죽는다는 것은 쉽지 않은 플레이다. 하지만 분명한 사실은 점심베팅에서 레이즈를 맞았을 때 바로 죽을 수만 있다면 그것이 그 상황에서는 정답에 조금이라도 더 가까운 선택이라는 점이다. 즉, 레이즈를 맞았을 때 바로 죽기가 어려워서 그렇지, 죽을 수만 있다면 그것은 절대 잘못된 플레이는 아니라는 뜻이다.

그러나 어찌 됐든 점심베팅에서 레이즈를 맞았을 때는 콜을 하더라도 마지막 커트에서 같이 스테이를 하고 나서 S가 또 베팅을 하고 나오면, 이때는 S가 공갈을 시도한 것이 아닌 한 지는 승부라고 봐야 한다. 만약 입장이 바뀌어 여러분이라면 상대가 아침커트에 탑을 바꾸고 스테이를 하고 있는데 A-3-6-8에게 지는 카드로 점심때 뼹을 달고 레이즈를 한 후에 저녁때도 또 베팅하고 나갈 수 있겠는가? 아마 어려울 것이다.

A-3-6-8에게 지는 카드라면 7이 달린 8탑이나 9탑이라는 이야긴데, 이

정도 카드로는 그런 플레이를 하는 것은 어렵다. 따라서 S가 공갈을 시도하는 것이 아닌 이상 여러분이 이기기 힘든 승부라고 봐야 한다.

그리고 아침 탑 스테이집을 상대로 그런 식으로 계속 밀어내는 공갈을 시도할 수 있는 사람은 그리 많지 않다. 즉, 공갈을 시도했다고 치더라도 죽지 않고 콜을 하면 자신의 카드를 바꿀 것이라는 의미다.

다시 말해 탑 스테이 상태에서 레이즈를 맞고도 콜을 한다면 스테이를 하고 있는 집의 카드가 만만치 않다고 봐야 한다. 그렇기에 이러한 상대를 대상으로는 거의 대부분의 사람이 무리해서 공갈로 계속 밀어붙이려고 하지 않는다. 바로 꼬리를 내리고 자신의 카드를 바꾸는 작전으로 후퇴하게 된다는 이야기다.

이러한 이유로 S가 저녁까지 스테이를 하고 계속 베팅하는 것으로 보아 S의 패는 공갈이 아니라고 해석해야 하며, 그리고 이것은 바로 여러분의 패배를 의미한다.

정답 : ⓒ

♥

고급편

1. 7탑의 모든 것

2. 고수로 가는 길

고급편

이제부터 로우바둑이게임의 고수로 접어 드는 고급편이다.

때문에 이 단락에 나오는 이론들이 다소 어렵 다고 느껴질지도 모르겠다. 하지만 어려운 만큼 그에 비례해 여러분의 것으로 만들어뒀을 때의 효 과는 뛰어나다고 약속한다. 또한 마지막에 나오 는 '고수로 가는 길' 단락은 실전이론보다는 게임 에 임하는 고수들이 반드시 알아야 하고, 반드시 갖춰야 할 마음가짐에 더 비중을 뒀다.

그렇기에 골치 아픈 이론과는 다르지만 그 중 요성만큼은 어떤 이론보다도 떨어지지 않는다는 사실을 명심하고, 마지막까지 최선을 다해 여러 분도 고수라는 칭호를 들을 수 있는 반열에 등극 하기 바란다.

1장 7탑의 모든 것

7탑만 알면 올인은 없다

얼마나 많은 사람이 7탑 때문에 울고, 또 웃었을까?

로우바둑이게임을 일컬어 '7탑의 게임'이라고 할 정도로 로우바둑이게임에서 7탑의 의미는 각별하다. 가장 많은 승부와 사연이 만들어지는 족보가 바로 7탑이라는 의미다.

그렇기에 '7탑이 로우바둑이게임의 반이다', '7탑을 모르고서는 로우바둑이게임을 하지 마라' 또는 '7탑만 확실히 알면 올인은 없다' 등등의 말이 오래전부터 정설로 내려오고 있다.

7탑은 보통의 경우라면 아주 승률이 높지만 큰 승부가 걸리게 되면 위험해지고 지는 경우도 많이 발생한다고 봐야 한다. 그리고 7탑으로 지게 되는 판이라면 거의 대부분 중상을 입게 된다.

그렇기에 7탑을 가지고 있을 때의 정확한 운영 요령을 숙지해두지 않고서는 절대로 로우바둑이게임의 고수가 될 수 없다고 필자는 단언한다.

5탑이나 6탑, 그리고 8탑이나 9탑 등도 나름대로 중요한 운영 포인트가 있는 것은 사실이다. 하지만 7탑과 비교하면 나머지 족보들은 웬만큼 이상 로우바둑이게임을 즐겨본 사람들이라면 그리 어렵지 않게 운영 방법을 터득할 수 있으리라 생각한다. 그만큼 7탑을 제외한 나머지 족보들을 가지고 있을 때의 운영 방법은 상황에 따른 변화가 그리 난해하지 않고, 대부분 플레이어들의 선택과 운영이 크게 다르지 않다는 뜻이기도 하다. 그렇기에 이 책에서는 8탑과 6탑에 대해서만 앞에서 간략히 다루었고 7 탑을 하나의 큰 단락으로 묶어 지금부터 설명하려고 한다.

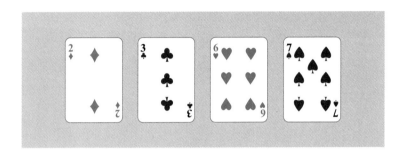

7탑은 가장 좋은 A-2-3-7에서부터 가장 나쁜 4-5-6-7까지 그 종류만 해도 스무 가지나 될 정도로 각각의 7탑이 가지고 있는 위력의 차이가 크다는 사실을 명심해야 한다.

'포커상식3. 로우바둑이게임과 세븐오디게임의 족보 비교'를 참고하면 알 수 있듯이 여러분이 가장 잘 알고 있는 세븐오디게임에서의 족보와 비교했을 때 '탑이 좋은 플러시(A-2-3-7, A-2-4-7 등)'에서부터 '낮은 스트레이트(3-5-6-7, 4-5-6-7 등)' 정도의 큰 차이다.

그렇기에 7탑이라고 하더라도 A-2-3-7, A-2-4-7 등과 같은 7탑은 거의 6탑에 가까운 운영을 해야 하고, 3-5-6-7, 4-5-6-7 등과 같은 7탑은 거의 8탑에 가까운 운영 방법에 따라야 한다. 하지만 이러한 모든 부분까지 다 분류해 설명하기에는 무리가 있어 이 단락에서 설명하는 이론은 2-4-5-7, 3-4-5-7 정도로 20가지의 7탑 가운데, 중간 정도의 위력을 가진 7탑을 일단 기준으로 삼아 설명한다는 것을 미리 밝혀둔다(중요한 부분에서는 '6이 달린 7탑'과 '6이 안 달린 7탑'으로 분류해 설명한 곳도 있다).

그렇기에 6탑에 가까운 7탑이나, 8탑에 가까운 7탑 등을 가지고 있을 때의 운영 방법은 지금의 설명을 참고로 여러분 스스로가 찾아야 한다.

따라서 지금부터 설명하는 이 '7탑의 모든 것' 단락이 다소 어렵고 복잡하더라도 포기하지 말고 반드시 여러분의 것으로 만들어 진정한 고수의 길로 들어설 수 있기를 바란다.

여러분들은 이 단락에서 나오는 이론들을 외우기도 어렵고, 또 외울 필요도 없다. 단지 지금부터 설명하는 모든 내용의 상황 상황을 머릿속에 그리며,

'아, 이때는 이렇게 하는 거네.'

'아, 여기서 또 레이즈를 하는 건 무리구나.'

'이럴 때는 진 상황이구나.'

'지금은 이길 것 같긴 해도 콜만 해야 되네.'

라는 식으로 상황 상황에서의 정답을 이해하기만 하면 된다. 혹시 이해가 잘 안되고 어려운 부분이 있으면 카드를 펼쳐놓고 몇 번을 되풀이해서 읽고, 또 읽어서라도 반드시 여러분의 것으로 만들기 바란다.

그렇게 되면 7탑의 운영이라는 것이 상황마다 약간의 차이가 있긴 해도, 결국은 그 맥락이 거의 한 부분에서 일치한다는 사실을 느끼게 될 것이다. 그리고 그러한 느낌을 확실히 이해하는 순간 여러분은 한 단계 높은 고수가 된 것이라 생각해도 좋다.

바둑이 알면 이길 수 있다

여러분이 7탑을 만들어 베팅하고 나갔는데 상대에게서 레이즈가 나오지 않는다면 그 판은 거의 95% 이상 여러분이 이긴 상황이라고 판단해도 무방하다. 문제는 여러분이 7탑을 만들어 베팅을 하고 나갔는데 상대에게서 레이즈가 날아올 경우와, 상대가 미리 스테이를 하고 있는 상황에서 여러분이 7탑을 떴을 경우다.

이러한 때는 어떻게 운영하는 것이 가장 효과적인지 아래의 세 가지 경우로 크게 나눠서 아침, 점심때의 상황과 각각의 커트 수 등을 구분해 상세히 설명하겠다.

▲7탑을 가지고 있는 상황에서 승부가 걸린다고 하는 것은 거의 1 : 1 대결이라고 보아도 무방하다. 즉, 5명의 게임이든 6명의 게임이든 웬만한 상대들은 이 상황쯤 되면 이미 기권해 있는 경우가 대부분이라는 것이다. 따라서 모든 상황은 1 : 1 상황을 전제로 설명하겠다.

1. 여러분과 상대방이 같이 커트한 상황에서 여러분이 7탑이 맞았을 때

2. 여러분이 7탑으로 먼저 스테이를 하고 있고 상대가 커트를 한 상황일 때

3. 상대가 먼저 스테이를 하고 있는데 여러분이 7탑을 떴을 때

◆ 7탑의 운영법 주요 내용 ◆

1. 여러분과 상대방이 같이 커트한 상황에서 여러분이 7탑이 맞았을 때

(1) 여러분의 베팅 위치가 앞쪽일 때

㉠ 아침커트에서 상황이 발생했을 경우
   A. 아침에 여러분이 탑(한 장)을 커트했을 때
   B. 아침에 여러분이 2컷을 했을 때
㉡ 점심커트에서 상황이 발생했을 경우
   A. 점심에 여러분이 탑(한 장)을 커트했을 때
   B. 점심에 여러분이 2컷을 했을 때

(2) 여러분의 베팅 위치가 뒤쪽일 때

㉠ 아침커트에서 상황이 발생했을 경우
   A. 아침에 여러분이 탑(한 장)을 커트했을 때
   B. 아침에 여러분이 2컷을 했을 때
㉡ 점심커트에서 상황이 발생했을 경우
   A. 점심에 여러분이 탑(한 장)을 커트했을 때
   B. 점심에 여러분이 2컷을 했을 때

2. 여러분이 7탑으로 먼저 스테이를 하고 있고 상대가 커트를 한 상황일 때

㉠ 여러분이 아침커트에 탑(한 장)을 커트해 7탑을 만들었을 때
㉡ 여러분이 아침커트에 2컷을 해 7탑을 만들었을 때
㉢ 여러분이 점심커트에 탑(한 장)을 커트해 7탑을 만들었을 때

3. 상대가 먼저 스테이를 하고 있는데 여러분이 7탑을 떴을 때

㉠ 상대가 패턴스테이일 때
㉡ 상대가 아침커트 후 스테이를 했을 때
   A. 상대가 아침커트에 탑(한 장)을 커트 후 스테이를 했을 때
   B. 상대가 아침커트에 2컷을 하고 스테이를 했을 때
㉢ 상대가 점심커트 후 스테이를 했을 때
   A. 상대가 점심커트에 탑(한 장)을 커트 후 스테이를 했을 때
   B. 상대가 점심커트에 2컷을 하고 스테이를 했을 때

1. 여러분과 상대방이 같이 커트한 상황에서 여러분이 7탑이 맞았을 때

로우바둑이게임에서 상황에 따라 판단과 결정을 해야 할 경우, 가장 중요한 부분이 바로 베팅 위치임을 이미 여러 차례에 걸쳐 강조해 왔다.

따라서 지금의 단락은 중요성을 감안해 여러분의 베팅 위치가 앞일 경우와 뒤일 경우 두 가지로 나눠서 설명하겠다.

(1) 여러분의 베팅 위치가 앞쪽일 때

본 단락은 미리 스테이를 하고 있는 사람이 없는 상황, 즉 여러분과 상대가 같이 커트했을 때 여러분이 7탑을 맞춰 베팅하고 나갔는데 상대가 레이즈를 한 경우에 대해 ㉠아침커트에서 상황이 발생했을 경우 ㉡점심커트에서 상황이 발생했을 경우, 두 가지로 나눠 설명하겠다.

㉠ 아침커트에서 상황이 발생했을 경우

A. 아침에 여러분이 탑(한 장)을 커트했을 때

아침커트에서 여러분이 탑을 커트해 7탑이 메이드되어 자신 있게 베팅을 하고 나갔는데 뒤에서 탑(한 장)을 바꾼 상대방이 레이즈를 하는 것이었다. 이럴 때는 어떻게 해야 할까? 지금과 같은 경우라면 무조건 2단 레이즈를 할 수 있으며 또 이것이 정상적인 운영이다. 이처럼 여러분이 2단 레이즈를 했을 때,

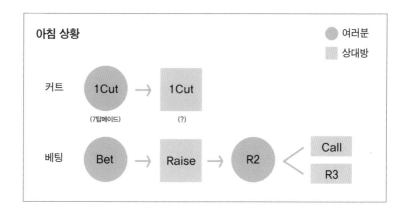

★ 상대가 콜을 할 경우(상대방도 메이드로 가정한다)

이때는 상대가 같이 스테이를 하더라도 의도적인 달고 가기를 한 것이 아닌 한 여러분이 이길 가능성이 많은 승부라고 생각해도 좋다. 단, 점심이나 저녁때 여러분이 베팅하고 나갔을 때 상대에게서 레이즈가 나온다면, 이것은 아침베팅 때 상대가 여러분을 달고 간 것이기에 아주, 매우, 몹시 기분이 나쁜 상황이다. 여러분이 무조건 지는 승부라는 뜻이다.

따라서 점심때 여러분이 베팅을 했는데 상대가 또 콜을 한다면, 큰 승부일 경우에는 저녁때는 먼저 베팅하고 나가는 것을 잘 판단한 후 결정하는 것이 바람직하다. 다시 말해 큰 승부일 경우에는 저녁때 먼저 베팅을 해도 좋고, 삥을 해도 좋지만,

· 저녁때 여러분이 먼저 베팅을 했을 경우: 상대에게 레이즈가 나오면 97% 지는 승부다.
· 저녁때 여러분이 삥을 했을 때 상대가 베팅을 하면,

- 여러분이 6이 달린 7탑일 때 : 조금 불리한 승부
- 여러분이 6이 안 달린 7탑일 때 : 예측하기 어려운 승부

정도로 생각하면 된다.

★ 상대가 3단 레이즈를 할 경우(이때는 상대방도 무조건 메이드로 봐야 한다)
지금과 같은 경우는 일단 여러분의 기분이 별로 안 좋은 상황이다. 이 때는 상대의 스타일과 그때그때의 판의 크기와 분위기 등 여러 가지를 감안해야겠지만, 공갈이 아니고 상대가 아주 초보자가 아닌 한 쉽지 않은 승부다. 따라서 일단 여기서 바로 죽기는 싫더라도 콜을 하고 나서,

· 여러분이 점심때 삥을 하고 나갔을 때 상대가 베팅을 하면,

- 여러분이 6이 달린 7탑일 때 : 이기기 어려운 승부
- 여러분이 6이 안 달린 7탑일 때 : 기분이 별로 좋지 않은 승부

· 점심때 여러분이 콜을 하고 나서 상대가 저녁때도 계속 베팅을 하면,

- 여러분이 6이 달린 7탑일 때 : 거의 지는 승부
- 여러분이 6이 안 달린 7탑일 때 : 이기기 어려운 승부

라고 봐야 한다. 즉, 이때는 아쉬워도 죽는 것이 올바른 선택이라는 것이다. 만약 이 경우에 저녁때까지도 상대가 자신 있게 베팅을 하고 여러

분이 콜을 한다면 이것을 가리켜 '새드콜'이라고 표현한다.

B. 아침에 여러분이 2컷을 했을 때

아침커트에서 여러분이 2컷을 해 7탑이 메이드되어 자신 있게 베팅을 하고 나갔는데 뒤에서 탑(한 장)을 바꾼 상대방이 레이즈를 하는 것이었다. 이럴 때는 어떻게 해야 할까? 지금과 같은 경우도 무조건 2단 레이즈를 할 수 있으며, 또 이것이 정상적인 운영이다. 그래서 여러분이 2단 레이즈를 했을 때,

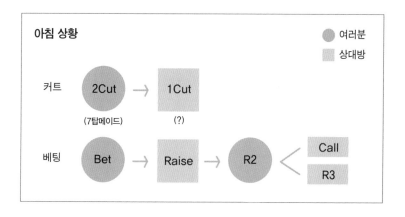

★ 상대가 콜을 할 경우

상대가 의도적인 달고 가기를 한 게 아니라면 여러분이 거의 이기는 상황으로 봐도 무방하다. 점심, 저녁까지 계속 베팅한다. 점심이나 저녁때 상대에게서 레이즈가 나오지 않으면 여러분이 거의 이긴 승부지만, 만약 레이즈가 나오면 여러분이 거의 지는 승부라고 생각해야 한다. 이것은 아침베팅 때 상대가 여러분을 데리고 간 것이기 때문이다.

★ 상대가 3단 레이즈를 할 경우

이와 같은 상황이라면 적지 않은 사람들이 바로 4단 레이즈를 하고 싶은 충동을 느낄 것이다. 하지만 그것은 욕심이 앞선 잘못된 선택이다.

이때는 무조건 콜이다. 그리고 그 이후로도 미리 베팅이나 레이즈는 못하지만 끝까지 못 죽는다. 여기서 만약 점심때 여러분이 뻥을 했는데 상대가 뻥콜을 한다면 이때는 의도적인 달고 가기가 아닌 이상 여러분이 거의 이기는 승부라고 봐도 좋다. 그렇기에 이때는 저녁에 먼저 베팅하고 나가야 한다.

여러분이 2컷 7탑이라고 해서 아침커트 후 3단 레이즈를 맞았을 때, 바로 4단 레이즈를 하는 것은 장점보다 단점이 더 많은 몹시 위험한 플레이이므로 대한민국 바둑이계를 주름잡을 정도의 초일류 고수가 아닌한 절대 생각하지 말아야 한다.

ⓛ 점심커트에서 상황이 발생했을 경우

A. 점심에 여러분이 탑(한 장)을 커트했을 때

점심커트에서 여러분이 탑(한 장)을 커트해 7탑이 메이드되어 자신 있게 베팅을 하고 나갔는데 뒤에서 탑(한 장)을 바꾼 상대방이 레이즈를 했다. 이럴 때는 어떻게 해야 할까?

지금과 같은 경우라면 특별한 경우를 제외하고는 2단 레이즈를 할 수 있으며, 또 이것이 정상적인 운영이다. 그래서 여러분이 2단 레이즈를 했을 때,

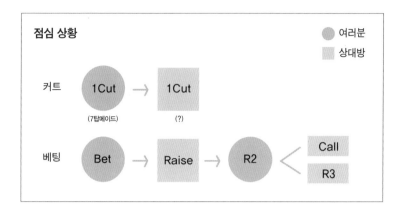

★ 상대가 콜을 할 경우

마지막 커트에서는 당연히 둘은 스테이를 할 테고 여기서는 그러면 어떻게 해야 하나. 이때는 여러 가지 면을 감안해야겠지만 결론은 마지막 베팅에서도 자신 있게 베팅을 하고 나가야 한다. 그러고 나서 상대에게서 레이즈가 나오면 죽겠다는 마음가짐을 가지고 있어야 한다. 저녁에 상대에게서 레이즈가 나온다는 것은 공갈이 아닌 한, 상대가 점심에서 의도적으로 여러분을 달고 간 상황이기 때문이다. 이렇게 이야기하면 혹자는,

'그럴 바에는 베팅하지 말고 삥을 한 후, 상대가 베팅하면 콜을 해야 하는 거 아니냐?'

라며 의혹을 제기할지도 모르겠다.

물론, 그 이야기도 전혀 틀린 것은 아니다. 하지만 만약 그래서 여러분이 진다면 필자가 이야기한 방법이나 조금 전 방법이나 금전적인 손실은 똑같다. 단지 차이는 상대의 패를 눈으로 확인했느냐 못 했느냐 하는 부분일 뿐이다. 즉, 상대가 공갈을 시도했을지도 모른다는 점이다.

그렇다면 만약 상대가 그 상황에서 공감을 시도할 수 있는지를 판단해봐야 한다.

그러나 필자가 설명했던 조금 전과 같은 상황에서 공감을 시도할 수 있는 사람은 대한민국 최고 수준의 초일류들이나 아니면 로우바둑이를 배운 지 며칠 안 되는 초보자밖에는 없다고 단언한다. 그만큼 조금 전과 같은 상황에서 공감을 시도한다는 것(달고 간 후에 공감을 시도 하는 것)은 몹시 어려운 일이다.

미리 베팅하고 나갔다가 레이즈를 맞고 죽거나, 삥을 달고 상대가 베팅했을 때 콜을 하거나 금전적인 피해가 똑같다면 이제는 이길 때의 경우를 생각해보자. 이때라면,

> 첫째, 상대가 8탑, 9탑 등을 가지고 콜을 한다.
> 둘째, 상대가 여러분의 패를 공감로 보고 확인한다.
> 셋째, 상대가 죽었을 경우 여러분의 패가 오픈되지 않는다.

등의 여러 가지 이점이 있다. 따라서 앞에서 설명했던 상황에서는 마지막에도 자신 있게 베팅하고 나가는 것이 올바른 선택이다.

★ 상대가 3단 레이즈를 할 경우

이와 같은 경우라면 그 판의 결과를 떠나 여러분이 가장 먼저 느껴야 할 기분은 '어? 이게 뭐야? 조금 춥네'라는 사실이다. 하지만 누구라도 7탑을 가지고 아침레이즈 때 죽는 선택을 하는 것은 어려운 일이다. 따라서 이러한 분위기를 감지한 후 어떤 대응을 할 것인지는 여러분의 몫이

다. 만약 여기서 콜을 하게 되면 마지막 베팅까지 계속 받아야 할 분위기로 봐야 한다. 그렇기에 그 상황의 분위기와 판의 크기, 상대의 스타일 등을 감안해서 결정해야겠지만,

- 6이 달린 7탑일 때 : 이기기 어려운 승부
- 6이 안 달린 7탑일 때 : 조금 불리한 승부

정도로 생각하면 된다. 만약 여기서 여러분이 콜을 하고 저녁때 뺑을 하고 나갔는데 상대가 끝까지 베팅을 한다면,

- 6이 달린 7탑일 때 : 거의 지는 승부
- 6이 안 달린 7탑일 때 : 이기기 어려운 승부

정도라고 생각하고, 이때라도 죽는 것이 올바른 선택이다. 단, 6이 안 달린 7탑의 경우는 '마지막에 죽을 바에야 그 전에 죽어야지'라고 주장하며 '끝까지 콜이다'라고 한다면 그것 또한 무조건 잘못된 주장이라고는 하지 않겠다. 그 결정은 여러분만이 할 수 있기 때문이다.

B. 점심에 여러분이 2컷을 했을 때

점심커트에서 여러분이 2컷을 바꿔 7탑이 메이드되어 자신 있게 베팅을 하고 나갔는데 뒤에서 탑(한 장)을 바꾼 상대방이 레이즈를 했다. 지금과 같은 경우라면 아주 큰판이나 특별한 상황이 아닌 한 2단 레이즈를 해야 한다. 이때,

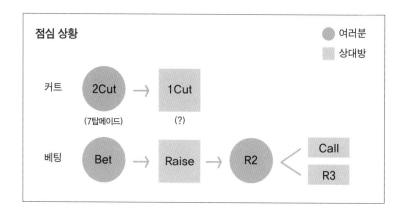

★ 상대가 콜을 할 경우

마지막 베팅에서도 자신 있게 베팅을 하고 나가야 한다.

그런데 이때 상대에게서 레이즈가 나오면 기분이 나빠지는 상황이다. 이것은 공갈이 아닌 한 상대가 점심에서 의도적으로 여러분을 달고 간 상황이기 때문이다. 그렇기에 이때라면 어려운 승부임을 감지하고 아쉽더라도 패를 꺾는 것이 정답이지만, 상대의 스타일과 그때그때의 분위기 등을 잘 파악해 간혹은 콜을 해볼 수도 있는 정도라 생각하면 된다.

★ 상대가 3단 레이즈를 할 경우

이때라면 여러분은 '어? 이게 뭐야? 질 것 같지는 않은데?'라는 기분을 느끼면서 콜만 해야 한다. 4단 레이즈를 하는 것은 안 된다는 이야기다. 그리고 저녁때도 여러분은 삥을 하고 나서 상대가 베팅하면 즐겁게 콜이다.

지금과 같은 상황에서는(2컷으로 7탑이 맞은 것이기에) 간혹 인사불성이 돼 4단 레이즈를 하는 사람도 있을지 모르겠으나, 앞에서도 언급했듯이 이것은 득보다 실이 훨씬 많은 플레이임을 이제는 깨달아야 한다.

(2) 여러분의 베팅 위치가 뒤쪽일 때

본 단락은 미리 스테이를 하고 있는 사람이 없는 상황, 즉 여러분과 상대가 같이 커트했을 때 여러분이 7탑을 맞췄는데 상대가 먼저 베팅하고 나왔고, 여러분이 레이즈를 한 경우에 대해 상대가 2단 레이즈를 해온 경우를 아래의 두 가지로 나눠 설명하겠다.

이때는 여러분의 베팅 위치가 좋다는 이점 때문에 운영의 폭이 훨씬 다양해진다. 즉, 상대의 베팅 상황을 보면서 좀더 효과적인 대응을 할 수 있다는 뜻이다.

㉠ 아침커트에서 상황이 발생했을 경우

A. 아침에 여러분이 탑(한 장)을 커트했을 때

아침커트에서 탑(한 장)을 바꾼 상대방이 먼저 베팅을 하고 나왔고, 여러분도 탑을 커트하여 7탑이 메이드되어 자신 있게 레이즈를 했는데 상대방이 2단 레이즈를 하는 것이다(이때라면 일단 상대방도 메이드로 봐야 한다). 이럴 때는 어떻게 해야 할까?

지금과 같은 경우라면 여러분이 죽는다는 것은 일단 생각하기 어렵기에 논외로 하겠다. 선택은 3단 레이즈냐 콜이냐 둘 중 하나다. 그랬을 때 각각의 경우를 살펴보면,

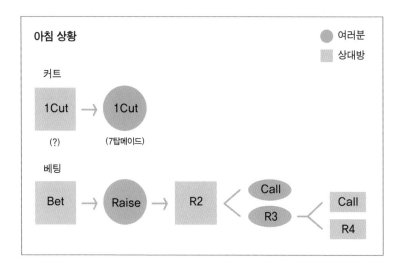

아침 상황 ● 여러분   ▨ 상대방

커트

1Cut → 1Cut

(?)   (7탑메이드)

베팅

Bet → Raise → R2 < Call / R3 < Call / R4

★ 여러분이 콜을 할 경우

· 상대가 점심때도 베팅을 하면 콜이다. 그리고 상대가 저녁때도 계속 베팅을 하면 이때는 여러분이 약간 기분 나쁜 승부지만 죽을 수는 없다. 끝까지 콜이다.

· 상대가 점심때 베팅을 하지 않으면(의도적인 달고 가기가 아닌 이상) 여러분이 95% 이기는 승부다. 그러므로 이때는 바로 베팅을 해도 좋고, 점심때 체크-굿으로 응수한 뒤, 저녁베팅 찬스를 상대에게 넘겨도 좋다. 점심때 여러분이 베팅을 하면 그 부담으로 인해 상대가 바로 죽을지도 모르니, 한 번 더 상대에게 베팅 찬스를 주자는 의미다. 즉, 이긴다고 생각하지만 베팅 위치가 좋으므로 저녁때 다시 한 번 상대의 베팅을 유도하기 위한 방법이라고 생각하면 된다. 그래서 이때 상대가 저녁때 베팅하고 나오면 콜이고, 상대가 저녁때도 베팅하지 않으면 여러분이 베팅한다.

· 상대가 점심때 베팅을 하고 저녁때는 베팅을 하지 않을 때

  - 여러분이 6이 달린 7탑일 때 : 서로 장담할 수 없는 승부

  - 여러분이 6이 안 달린 7탑일 때 : 웬만하면 여러분이 이기는 승부

★ 여러분이 3단 레이즈를 할 경우

· 상대가 콜을 할 경우

이때는 상대가 의도적인 달고 가기가 아니더라도,

  - 여러분이 6이 달린 7탑일 때 : 조금 기분 나쁜 승부

  - 여러분이 6이 안 달린 7탑일 때 : 예측하기 어려운 승부

정도이므로 점심때의 상황을 보고 다시 판단해야 한다. 즉, 점심때 상대가 뻥을 하고 여러분이 베팅했을 때 상대가 콜을 하면,

  - 여러분이 6이 달린 7탑일 때 : 질 가능성이 많은 승부

  - 여러분이 6이 안 달린 7탑일 때 : 조금 기분 나쁜 승부

정도로 생각하면 된다. 그리고 나서 저녁베팅에서 상대가 뻥을 하고 나오면,

  - 여러분이 6이 달린 7탑일 때 : 뻥굿

  - 여러분이 6이 안 달린 7탑일 때 : 베팅을 할 수도 있고 하지 않을 수도 있지만, 베팅을 하지 않는 것이 올바른 운영에 가깝다.

· 상대가 4단 레이즈를 할 경우

이때는 상대가 공갈을 시도한 게 아닌 한 여러분이 거의 지는 승부다. 따라서,

- 여러분이 6이 달린 7탑일 때 : 95% 지는 승부
- 여러분이 6이 안 달린 7탑일 때 : 거의 지는 승부

정도라고 할 수 있다. 따라서 죽는 것이 정답이다. 하지만 여기서 죽기가 정 억울하면 일단 콜을 하더라도 점심때 스테이를 한 후 상대가 또 베팅을 하고 나오면 이때는,

- 여러분이 6이 달린 7탑일 때 : 98% 지는 승부
- 여러분이 6이 안 달린 7탑일 때 : 지는 승부

라고 보아야 한다. 만약 여기까지도 콜을 하고 저녁때 같이 스테이를 하고 난 후 상대가 또 베팅을 하고 나오면 이때는,

- 여러분이 6이 달린 7탑일 때 : 지옥
- 여러분이 6이 안 달린 7탑일 때 : 진 승부

라고 생각해야 한다. 따라서 상대가 아침베팅 때 바로 4단 레이즈를 해올 경우에는 일단 콜을 하더라도, 점심때 같이 스테이를 한 후 또 베팅하고 나온다면 이때 승부를 포기하는 것이 올바른 운영이다.

B. 아침에 여러분이 2컷을 했을 때

아침커트에서 탑(한 장)을 바꾼 상대방이 먼저 베팅을 하고 나왔고, 여러분이 두 장을 커트해 7탑이 메이드되어 자신 있게 레이즈를 했는데 상대방이 2단 레이즈를 했다. 이럴 때는 어떻게 해야 할까? 지금과 같은 경우라면 여러분이 죽는다는 것은 일단 생각하기 어렵기에 논외로 하겠다. 즉, 선택은 3단 레이즈를 할 수도 있고, 콜을 할 수도 있다는 것이다. 그랬을 때 각각의 경우를 살펴보면,

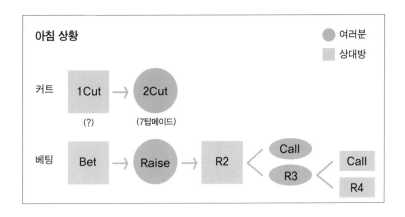

★ 여러분이 콜을 할 경우

이때는 진다고 생각할 필요는 없지만 이기는 승부라고 할 수도 없다. 따라서 상대가 점심때도 베팅을 하면 콜이다. 그리고 상대가 저녁때도 계속 베팅을 하면 이때도 콜이다.

· 상대가 점심때 베팅을 하지 않으면(의도적인 달고 가기가 아닌 이상) 여러분이 98% 이기는 승부다. 그러므로 이때는 바로 베팅을 해도 좋고, 점

심때 체크-굿으로 응수한 뒤, 저녁베팅 찬스를 상대에게 넘겨도 좋다.
즉, 이긴다고 생각하지만 베팅 위치가 좋으므로 저녁때 다시 한 번 상대
의 베팅을 유도하기 위한 방법이라 생각하면 된다.

· 상대가 점심때 베팅을 하고 저녁때는 베팅을 하지 않을 때

- 여러분이 6이 달린 7탑일 때 : 거의 이기는 승부
- 여러분이 6이 안 달린 7탑일 때 : 이기는 승부

★ 여러분이 3단 레이즈를 할 경우
· 상대가 콜을 할 경우
이때는 상대가 의도적인 달고 가기가 아닌 이상,

- 여러분이 6이 달린 7탑일 때 : 이길 가능성이 조금 많은 승부
- 여러분이 6이 안 달린 7탑일 때 : 이길 가능성이 많은 승부

정도라고 생각하면 된다. 이후 점심때 상대가 삥을 하고 여러분이 베팅
했을 때 상대가 콜을 하면,

- 여러분이 6이 달린 7탑일 때 : 예측하기 어려운 승부
- 여러분이 6이 안 달린 7탑일 때 : 이길 가능성이 조금이라도 많은 승부

그리고 나서 저녁베팅에서 상대가 삥을 하고 나오면,

- 여러분이 6이 달린 7탑일 때 : 삥굿
- 여러분이 6이 안 달린 7탑일 때 : 베팅을 할 수도 있고 하지 않을 수도 있지만, 베팅을 하는 것이 올바른 운영에 가깝다.

· 상대가 4단 레이즈를 할 경우

이때는 상대가 공갈을 시도한 게 아닌 한 이기기 어려운 승부지만 바로 죽기는 왠지 싫은 상황이다. 어찌 됐든 2컷에 바로 7탑이 메이드된 상황이기 때문이다. 따라서,

- 여러분이 6이 달린 7탑일 때 : 거의 지는 승부
- 여러분이 6이 안 달린 7탑일 때 : 기분 몹시 나쁘지만 일단 콜

정도라고 할 수 있다. 일단 콜을 하고 나서 점심때 스테이를 한 후 상대가 또 베팅을 하고 나오면 이때는,

- 여러분이 6이 달린 7탑일 때 : 95% 지는 승부
- 여러분이 6이 안 달린 7탑일 때 : 거의 지는 승부

라고 생각하면 된다. 만약 여기까지도 콜을 하고 저녁때 같이 스테이를 하고 난 후 상대가 또 베팅을 하고 나오면 이때는,

- 여러분이 6이 달린 7탑일 때 : 98% 지는 승부
- 여러분이 6이 안 달린 7탑일 때 : 지는 승부

정도라고 할 수 있다. 설명에서 보듯이 지금의 상황은 여러분이 아침커트에 2컷을 해서 7탑을 만든 것이기에 상대가 아침에 4단 레이즈를 했을 때 바로 죽기가 약간 아까운 면이 있다. 그래서 아침 4단 레이즈때는 콜을 하더라도, 점심, 저녁때 같이 스테이를 한 후 상대가 계속 베팅을 하고 나오면 점심, 저녁으로 갈수록 여러분의 승률은 더욱 희박해진다고 생각해야 한다. 따라서 지금과 같은 상황에서는 아침 4단 레이즈 때는 콜을 하고 점심때 같이 스테이를 한 후, 상대가 점심때도 베팅을 한다면 이때 죽는 것이 올바른 운영이라고 할 수 있다.

ⓛ 점심커트에서 상황이 발생했을 경우

A. 점심에 여러분이 탑(한 장)을 커트했을 때

점심커트가 끝난 후, 탑(한 장)을 바꾼 상대방이 먼저 베팅을 하고 나왔다. 여러분이 점심커트에서 탑(한 장)을 커트해 7탑이 메이드되어 자신 있게 레이즈를 했는데 상대가 2단 레이즈를 하는 것이다(이때라면 일단 상대방도 메이드로 봐야 한다). 이럴 때는 어떻게 해야 할까?

지금과 같은 경우라면 콜을 할 수도 있고, 3단 레이즈를 할 수도 있다. 그랬을 때 콜을 하는 운영은 급박한 승부를 피하고 안정적인 승부를 하겠다는 의도라고 할 수 있다.

그리고 바로 3단 레이즈를 하는 운영은, 승부를 크게 몰고 가겠다는 의도인데 큰 득과 실이 함께 동반되는 공격적인 운영이라고 할 수 있다.

따라서 이때 역시 상대의 스타일과 자금 상황 등을 감안하여 콜만 할 것인지, 3단 레이즈를 할 것인지를 잘 선택해야 한다.

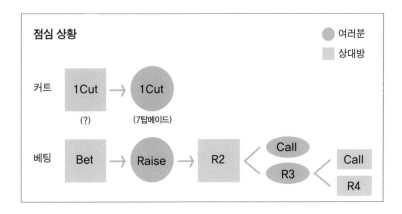

★ 여러분이 콜을 할 경우

지금의 콜은 베팅 위치가 좋으므로 무리하지 말고 저녁때의 베팅을 상대에게 넘겨주자는 의도로 생각하면 된다.

· 상대가 저녁때도 베팅을 하면 콜이다. 콜 이외에 다른 선택은 없다.

· 상대가 저녁때 베팅을 하지 않으면(의도적인 달고 가기가 아닌 이상) 여러분이 95% 이기는 승부다. 베팅을 해야 한다.

★ 여러분이 3단 레이즈를 할 경우

· 상대가 콜을 할 경우

이때는 상대가 의도적인 달고 가기가 아니더라도,

　- 여러분이 6이 달린 7탑일 때 : 조금 기분 나쁜 승부
　- 여러분이 6이 안 달린 7탑일 때 : 예측하기 어려운 승부

정도로 생각하면 된다. 그리고 나서 저녁베팅에서 상대가 삥을 하고 나

오면,

- 여러분이 6이 달린 7탑일 때 : 삥굿
- 여러분이 6이 안 달린 7탑일 때 : 베팅을 해도 좋고 안해도 좋다. 여기서 베팅을 했을 때 상대가 고민하면 여러분에게 승산이 높고, 상대가 다이렉트 콜을 하면 만만치 않은 승부다.

· 상대가 4단 레이즈를 할 경우

이때는 상대가 공갈을 시도한 게 아닌 한 여러분이 거의 지는 승부다. 따라서,

- 여러분이 6이 달린 7탑일 때 : 죽는다.
- 여러분이 6이 안 달린 7탑일 때 : 거의 지는 승부.

라고 할 수 있다. 하지만 여기서 죽기가 정 억울하면 일단 콜을 하더라도 저녁때 같이 스테이를 한 후 상대가 또 베팅을 하고 나오면 이때는 승부를 포기해야 한다.

B. 점심에 여러분이 2컷을 했을 때

점심커트가 끝난 후, 탑(한 장)을 바꾼 상대방이 먼저 베팅을 하고 나왔다. 여러분이 점심커트에서 두 장을 커트해 7탑이 메이드되어 자신 있게 레이즈를 했는데 상대가 2단 레이즈를 했다(이때라면 일단 상대방도 메이드로 봐야 한다). 이럴 때는 어떻게 해야 할까?

지금과 같은 경우라면 콜을 할 수도 있고, 3단 레이즈를 할 수도 있다.

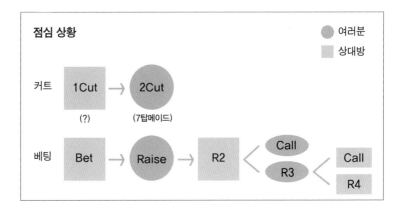

★ 여러분이 콜을 할 경우

지금의 콜은 베팅 위치가 좋으므로 무리하지 말고 저녁때의 베팅을 상대에게 넘겨주자는 의도로 생각하면 된다.

· 상대가 저녁때도 베팅을 하면 콜이다. 콜 외에 다른 선택은 없다.

· 상대가 저녁때 베팅을 하지 않으면(의도적인 달고 가기가 아닌 이상) 여러분이 99% 이기는 승부다. 베팅을 해야 한다.

★ 여러분이 3단 레이즈를 할 경우

· 상대가 콜을 할 경우

이때는 상대가 의도적인 달고 가기가 아닌 이상,

- 여러분이 6이 달린 7탑일 때 : 이길 가능성이 조금 많은 승부
- 여러분이 6이 안 달린 7탑일 때 : 이길 가능성이 많은 승부

정도로 생각하면 된다.

· 상대가 4단 레이즈를 할 경우

이때는 상대가 공갈을 시도한 게 아닌 한 여러분이 이기기 어려운 승부다. 따라서,

- 여러분이 6이 달린 7탑일 때 : 거의 지는 승부
- 여러분이 6이 안 달린 7탑일 때 : 이기기 어려운 승부

라고 할 수 있다. 따라서 여기서 죽는 것이 정답이다. 하지만 6이 안 달린 7탑일 경우에 죽기가 정 억울하면, 일단 콜을 하더라도 저녁때 같이 스테이를 한 후 상대가 또 베팅을 하고 나오면 이때는 더욱 이기기 어려운 승부가 된다. 여기서의 선택은 여러분의 몫이다.

베팅 위치가 좋을 때는 상대에게 베팅을 넘길 수도 있다

지금까지의 설명을 보면 알 수 있듯이 베팅 위치가 뒤쪽일 때는 여러분의 플레이가 훨씬 더 편안해지고 선택의 폭이 다양해진다. 그래서 로우바둑이게임의 일류 고수들은 같은 7탑을 잡아도 베팅 위치가 좋을 때 훨씬 더 그 가치가 높아진다고 이구동성으로 말한다.

베팅 위치가 뒤쪽에 있을 때는 굳이 급박하게 승부를 몰고 가지 않아도 어느 정도 이상의 소득을 올릴 수 있으며, 또한 질 경우에는 어느 정도의 피해로 막을 수 있는 장점을 가지고 있다. 즉, 좋은 베팅 위치에서 7탑을 잡으면 이길 때는 더 큰 효과를 얻을 수 있고, 질 때는 피해를 최소화할 수 있다는 것이다.

달리 설명하면 베팅 위치가 앞일 경우에는 체크나 삥을 했을 때 '상대

가 콜만 하면 서운하니까'라는 부분 때문에 큰 선택의 여지가 없는 경우가 대부분이다. 그래서 성급한 레이즈를 선택하게 되며 이것은 이길 때는 손님을 쫓는 일을 초래함과 동시에 질 때는 더 큰 피해를 입는 결과로 이어지기 쉽다.

하지만 베팅 위치가 뒤쪽에 있을 때는(특히 점심, 저녁 두 번의 베팅이 더 남아 있을 경우에는 더욱더) 상황과 상대에 따라 약한 모습을 보이는 척 한 템포 쉬면서 베팅의 권한을 상대에게 넘겨주는 플레이를 선택할 수도 있다. 만약 이러한 플레이로 상대의 베팅이나 레이즈를 한두 번이라도 더 유도할 수 있다면, 그것이 바로 좋은 베팅 위치가 주는 매력적인 선물이다(하프베팅에서 베팅 한 번의 위력이 얼마나 큰 것인지에 대해서는 이미 여러 차례 설명해왔기에 더 이상 언급하지 않겠다). 특히 판이 커져 있을 때라면 그 효과가 더욱 엄청나다는 점을 명심해야 한다.

이미 여러 차례 설명했듯이 좋은 베팅 위치가 가진 이점은 이외에도 곳곳에서 끊임없이 나타난다. 모쪼록 이후로는 베팅 위치가 좋다는 것이 얼마나 큰 이점인지, 그리고 그 이점을 최대한 효율적으로 사용하는 방법이 무엇인지를(앞의 설명을 참고삼아) 여러분도 반드시 깨달아야 한다. 그랬을 때 한 차원 높은 베팅기술을 터득하게 되는 것이며, 진정한 고수의 길로 들어설 수 있다. 아울러 바로 다음에 나오는,

2. 여러분이 7땁으로 먼저 스테이를 하고 있고 상대가 커트를 한 상황일 때
3. 상대가 먼저 스테이를 하고 있는데 여러분이 7땁을 떴을 때

이 두 단락에서는 상황 상황에 따라 베팅 위치를 전후로 구분해 설명한 부분도 있지만, 지면 관계상 모두 구분해서 다루지 못해 몹시 유감스럽다. 하지만 다루지 못한 부분에 대해서는 지금의 설명을 참고해 여러분 스스로 어느 정도의 정답을 판단해낼 수 있으리라 믿으며 하해와 같은 이해를 바랄 뿐이다.

2. 여러분이 7탑으로 먼저 스테이를 하고 있고 상대가 커트를 한 상황일 때

이번에는 여러분이 미리 탑(한 장) 또는 2컷을 해 7탑을 맞추고 스테이를 하고 있는데 상대가 나중에 탑(한 장)을 커트하고 나서 레이즈를 한 경우에 대해 세 가지 경우로 나누어 설명하겠다.

▲ 본 단락은 여러분이 미리 스테이를 하고 있는 상황이기에 모든 상황에서 여러분이 먼저 베팅을 시작하는 것으로 가정했다. 즉, 여러분의 베팅 위치가 뒤쪽이라도 상대가 당연히 삥을 하고 나올 것이라는 의미다.

㉠ 여러분이 아침커트에 탑(한 장)을 커트해 7탑을 만들었을 때

점심커트 상황에서 상대는 총 세 명(탑집-두 명, 2컷집- 한 명)이다.

여러분은 당연히 베팅을 하고 나갔는데 첫 번째 탑집과 2컷집은 카드를 꺾었다. 그런데 마지막 순서에 있던 탑집이 레이즈를 하는 것이다.

이러한 상황이라면 여러분이 가장 먼저 느껴야 할 기분은 만만치 않은

승부라는 사실이다. 좀더 구체적으로 설명하면,

- 여러분이 6이 달린 7탑일 때 : '공갈 아니면 거의 졌네.'
- 여러분이 6이 안 달린 7탑일 때 : '기분이 별로네.'

이 두 가지다. 죽을 수는 없지만 별로 기분이 안 좋은 상황에서 콜을 해야 한다는 의미다. 여기서 2단 레이즈를 한다는 것은 아주 조그만 판이 아닌 한 몹시 위험한 플레이임을 바로 깨달아야 한다. 즉, 여러분이 아침커트에 탑(한 장)을 바꿔 7탑을 만들어 스테이를 하고 베팅을 하고 나갔다가 레이즈를 맞으면 반드시 진다는 것은 결코 아니지만 기분이 안 좋은 상황임을 인식해야 한다는 것이다.

　다시 말해 상대가 탑 스테이를 하고 있는 여러분을 상대로 공갈을 시도한 것이 아닌 한 만만치 않은 승부라는 뜻이다. 그리고 좀더 정확한 상황은 여러분이 콜을 하고 스테이를 한 후에 나타난다. 이때 상대가 같이 스테이를 하고 점심, 저녁때 계속 베팅을 해온다면 점심, 저녁으로 갈수록 점점 더 기분이 나빠지고 여러분이 이기기 어려운 상황이 된다.

　그런데 만약 조금 전의 상황에서 탑집이 아니라 2컷을 한 집에서 레이즈가 나오면 이때는 어떻게 될까?
　'2컷 집에서 레이즈가 나와? 겁을 상실했군.'
이라고 생각하며 2단 레이즈를 하고 승부를 걸어야 할까? 아니다. 그것은 자기도취에 빠진 너무나도 어리석은 발상이다. 여러분이 아침에 이미 탑 스테이를 하고 있는 이상, 상대가 탑을 하고 레이즈를 하든 2컷을 하고 레이즈를 하든 그것은 거의 차이가 없다고 봐야 한다. 어찌 됐든 탑 스테이집에게 이길 자신이 있다는 것이기 때문이다.

당연하지 않은가? 예를 들어 2컷으로 '2-3-4-9'가 메이드되었다면, 2컷으로는 분명 잘 맞은 카드다. 하지만 이 카드를 가지고 탑 스테이집을 상대로 레이즈를 할 수 있겠는가?

아마 이 책을 읽고 있는 여러분 스스로가 가장 먼저 무리라고 인정할 것이다. 그렇기에 여러분이 탑을 커트하고 미리 스테이를 하고 있는데, 상대방이 탑이든 2컷이든, 3컷일지라도 레이즈가 나온다면 이것은 만만치 않은 상황임을 분명히 인식해야 한다.

오히려 공갈적인 측면에서 본다면 한 장을 커트하고 레이즈를 하는 것보다 두 장을 커트하고 레이즈하는 것이 훨씬 더 공갈이 나올 가능성이 떨어진다는 점을 감안한다면, 오히려 스테이집을 상대로 레이즈를 한 사람이 탑이 아니라 2컷일 경우가 더 무서울 수도 있다는 점을 절대로 잊어서는 안 된다.

ⓛ 여러분이 아침커트에 2컷을 하여 7탑을 만들었을 때

㉠에서는 여러분이 아침커트에 탑 스테이였기에 아무도 여러분을 만만하게 생각하지 못하는 상황이다. 하지만 여러분이 아침커트에 2컷으로 스테이를 했을 때는 분위기가 조금 달라진다. 즉, 상대 모두가 여러분을 흔들어보고 싶은 욕망을 가지게 되고, 공갈이 아니더라도 어느 정도의 족보만 만들어지면 일단 레이즈를 해보고 싶은 충동을 느끼게 된다는 것이다. 그렇기에 ㉠의 상황과는 운영 방법이나 대응 요령도 차이

가 생길 수밖에 없다. 그러면 이러한 점을 염두에 두고 실제 상황을 예로 보도록 하자.

점심커트에 들어간 상황에서 상대는 조금 전과 마찬가지로 탑, 2컷, 탑의 순서다. 여러분은 당연히 베팅을 했으며 첫 번째 탑집과 2컷집은 죽었다. 그러자 마지막에 있던 탑집이 레이즈를 했다. 이때는 과연 어떻게 해야 할까?

지금과 같은 경우라면 일단 무슨 일이 있어도 끝까지 죽을 수는 없는 상황이다. 즉, 끝까지 콜을 하든 아니면 바로 2단 레이즈를 하고 큰 승부를 걸든 둘 중 한 가지를 선택해야 한다는 것이다.

그러면 점심때 상대에게서 레이즈가 나왔을 때 어떻게 대응하는 게 올바른 운영 방법일까? 2단 레이즈를 하고 승부를 해야 할까? 아니면 콜만 하고 끝까지 확인하는 운영을 해야 할까?

2단 레이즈를 하고 승부를 걸려니 상대는 탑집이기에 부담이 되고, 콜만 하려니 왠지 아까운 생각이 든다.

지금과 같은 상황이라며 필자는 콜만 하라고 권한다. 이때는 ㉠의 경우처럼 진다는 기분을 느끼고 콜만 하라는 의미가 아니다. '웬만하면 내가 이길 수 있을 것 같지만 2단 레이즈를 했다가 3단 레이즈를 맞으면 부담이 너무 크고(2컷 7탑이면 죽기 싫은 카드이기에 끝까지 가서 진다면 피해가 상당히 크다), 그리고 내가 2컷이니까 상대에게 공갈을 유도하자'라는 기분을 느끼면 된다.

이때는 '스마일콜(Smile Call, 이길 것 같다고 생각하며 즐겁게 하는 콜)'의 상황이라는 것이다. 즉, 이와 같은 경우라면 진다는 기분은 안 느껴도 좋지만, 지나친 모험은 피하라는 의미로 받아들이라는 이야기다. 물론, 이러한 플레이가 여러분의 소득을 줄이는 경우도 생길 수 있지만 반대로 여러분이 졌을 경우의 피해를 최소화할 수 있고, 또 2컷이기에 상대의 공감을 유발시킬 가능성도 충분히 있다는 의미다. 만약 여러분이 점심때 2단 레이즈를 한다면 상대의 공감을 원천봉쇄 해버리는 꼴이 된다는 뜻이다.

그래서 이때 역시 상대의 스타일을 파악하고, 상대 앞에 그리고 여러분의 앞에 돈이 각각 어느 정도씩 남아 있는지를 정확히 파악한 후 플레이를 선택한다면 더 좋은 결과를 가져올 수 있다.

ⓒ 여러분이 점심커트에 탑(한 장)을 바꿔 7탑을 만들었을 때

마지막(저녁) 커트에 들어간 상황에서 여러분은 점심때 한 장을 바꿔서 7탑을 맞춰 미리 스테이를 하고 있다. 상대는 두 명이고 모두 탑이다. 이제 마지막(저녁) 베팅만이 남아 있을 뿐인데, 이 경우라면 여러분의 선택은 간단하다.

★ 여러분의 베팅 위치가 앞쪽일 때

-먼저 베팅하고 나간다. 여기서 레이즈를 맞으면 기분이 나쁜 상황이다. 따라서 상황에 따라 판단해야겠지만 특별한 경우가 아니라면 콜을 하는 것이 올바른 운영에 가깝다.

★ 여러분의 베팅 위치가 뒤쪽일 때

-상대가 뻥을 하면 여러분은 베팅을 한다. 여기서 레이즈를 맞으면 기

분이 나쁜 상황이다. 따라서 상황에 따라 판단해야겠지만 특별한 경우
가 아니라면 콜을 하는 것이 올바른 운영에 가깝다.

　-상대가 앞에서 미리 베팅하고 나오면 이때는 무조건 콜이다.

3. 상대가 먼저 스테이를 하고 있는데 여러분이 7탑을 떴을 때

앞의 두 단락에서는 여러분이 7탑을 가지고 있는데 레이즈를 맞았을
경우를 설명했다.

그러면 이번 단락에서는 상대가 미리 스테이를 하고 있는데 여러분이
커트를 하고 따라가서 7탑을 만들었을 경우에 대해 알아보자. 그럼 이
부분을 세 가지 경우로 나눠 살펴보도록 하자.

▲ 본 단락은 상대가 미리 스테이를 하고 있는 상황이기에 모든 상황에서 상대가 먼저
베팅을 시작하는 것으로 가정했다. 즉 상대의 베팅 위치가 뒤쪽이라면 여러분이 당연히
삥을 하고 나갈 것이라는 의미다.

㉠ 상대가 패턴스테이일 때

상대는 패턴스테이인데 여러분은 아침에 탑(또는 2컷)을 커트해 '2-4-
5-7'을 만들었다.

이때라면 누가 뭐라고 하든 무조건 레이즈다. 그런데 패턴스테이집(이
후 P로 표현)에서 2단 레이즈가 나온다면 이때는 어떻게 대응해야 할까?

거의가 (베팅 위치가 좋을 경우 : 데리고 가기 위한 의도로)콜만 하든지, 아니면

(베팅 위치에 상관없이) 바로 3단 레이즈를 하든지 둘 중 하나일 것이다.

여러분이 콜만 할 경우라면 그다음 상황은 P의 행동을 보고 나서 결정하면 된다. 이 부분은 그리 어려운 상황이 아닌 만큼 여러분의 선택에 맡기겠다. 그렇다면 문제는 여러분이 3단 레이즈를 했을 때 P가 죽든, 콜을 하든, 오히려 4단 레이즈를 해오든 세 가지인데, 죽는 경우는 논할 필요가 없으므로 나머지 경우를 알아보도록 하자. 여러분이 3단 레이즈를 했는데,

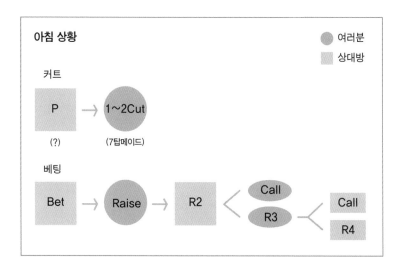

★ P가 콜을 할 경우

이때는 P가 의도적으로 달고 가기를 한 상황이 아닌 한 여러분의 승리라고 생각해도 좋다. 마지막에도 베팅한다.

★ P가 4단 레이즈를 할 경우

이때라면 일단 여러분도 바짝 긴장해야 하는 상황이다. P가 아주 초보자가 아닌 한 베팅 상황으로는 일단 만만치 않은 분위기다. 즉, 여러분이 진다고 단언할 수는 없어도 이긴다고도 절대 장담할 수 없는 상황이라는 것이다. 그랬을 때 냉정하게 그 가능성을 따져본다면(상대가 정상적인 플레이를 하는 사람이라는 가정하에) 여러분이 질 가능성이 조금이라도 더 높은 쪽이라고 봐야 한다. 아무리 패턴스테이라고 하더라도 4단 레이즈가 나왔다는 것은 예사롭지 않은 분위기라는 뜻이다. 그런데 많은 사람들이 '패턴스테이에서 나와 봐야 뭐가 있겠어!'라는 너무나도 위험한 신념을 가지고 패턴스테이를 무시하다가 큰 화를 자초하고 있으니 안타까운 일이다. 하지만 앞서도 언급한 적이 있듯이 패턴스테이에서도 5탑, 6탑과 같은 좋은 카드가 나올 수 있다는 사실을 잊어서는 안 된다. 그리고 그것은 패턴스테이집의 베팅 상황에서 어느 정도 예측할 수 있는 부분이다. 그렇기에 지금과 같은 상황은 그때그때 P의 스타일과 판의 분위기 등을 감안해 여러분 스스로가 어떻게 대응해나갈지를 잘 판단해야 한다고밖에는 더 이상 정답을 단정하기가 어렵다. 단지, 여기서는 결코 만만치 않은 승부라는 점만을 강조하고 그 이후의 판단은 여러분의 몫으로 남기겠다.

ⓛ 상대가 아침커트 후 스테이를 했을 때

A. 상대가 아침커트에 탑(한 장)을 커트한 후 스테이를 했을 때

이 상황에서 여러분이 점심에 탑(한 장)을 커트해 7탑을 맞췄다면(상대는 당연히 베팅을 할 것이고), 이때는 일단 무조건 레이즈 찬스라고 할 수 있다. 그래서 여러분이 레이즈를 했을 때,

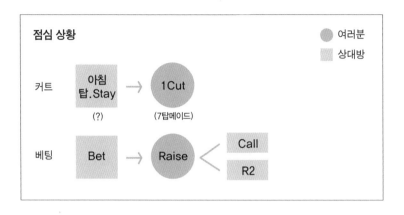

★ 상대가 콜만 할 경우

상대가 의도적으로 달고 간 게 아니라면 여러분의 패가,

- 6이 달린 7탑일 경우 : 약간 불안하지만 이길 확률이 조금 높은 승부
- 6이 안 달린 7탑일 경우 : 웬만하면 이기는 승부

라고 판단할 수 있다. 따라서 저녁에도 계속 베팅할 수 있는 찬스다.

★ 상대가 2단 레이즈를 할 경우

이러한 경우에는 여러분이 가장 먼저 느껴야 할 기분은 '상대가 공갈이 아니라면 거의 졌구나'라는 사실이다. 달리 말해 몹시 어려운 승부라는 뜻이다. 따라서 여기서는,

- 6이 달린 7탑일 경우 : 몹시 아쉽겠지만 죽는 것이 정답.
- 6이 안 달린 7탑일 경우 : 어려운 승부지만 죽으려니 아깝다.

　여기서 콜을 했을 경우, 저녁에 상대가 베팅을 안 하면 여러분이 이길 가능성이 많은 승부지만, 저녁에도 상대가 계속 베팅하고 나온다면 거의 여러분이 지는 승부다. 지금의 이야기는 상대가 아침커트에 탑(한 장)을 커트한 후 스테이를 했을 때, 여러분이 점심에 탑을 커트해 7탑을 맞췄을 때의 상황이었다.

　그럼 이번에는 똑같은 상황에서 여러분이 점심에 탑(한 장)이 아닌 2컷을 해서 7탑을 맞췄을 때라면 어떻게 되는지 알아보자. 이때 역시 여러분은 당연히 레이즈 찬스다. 그래서 여러분이 레이즈를 했을 때,

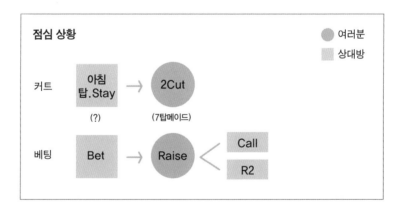

★ 상대가 콜만 할 경우
상대가 의도적으로 달고 간 게 아니라면,

- 6이 달린 7탑일 경우 : 이길 확률이 높은 승부.
- 6이 안 달린 7탑일 경우 : 거의 이긴 승부.

라고 생각해도 좋다. 끝까지 계속 자신 있게 베팅해야 한다.

★ 상대가 2단 레이즈를 할 경우

이러한 경우에 여러분의 선택은 오직 한 가지, 콜뿐이다. 죽을 수도 없고, 3단 레이즈를 해서도 안 된다는 뜻이다. 그리고 나서 저녁에 또 베팅을 하고 나오더라도 이때 역시 선택은 오직 콜뿐이다. 만약 저녁에 상대가 베팅을 하지 않는다면(여러분의 베팅 위치가 좋을 경우) 이때는 여러분의 베팅 찬스다.

- 6이 달린 7탑일 때 : 이길 확률이 조금이라도 높은 승부
- 6이 안 달린 7탑일 때 : 이길 확률이 높은 승부

정도라고 생각하면 된다.

B. 상대가 아침커트에 2컷을 하고 스테이를 했을 때

조금 전에는 상대가 아침커트에서 한 장을 바꾼 후 스테이를 했을 경우를 설명했고, 지금은 상대가 아침에 2컷을 한 후 스테이를 한 경우다. 이때는 상황이 어떻게 달라지는지 알아보도록 하자.

상대가 아침에 2컷을 한 후 스테이를 한 상황에서 여러분이 점심때 탑(한 장)을 커트해 7탑을 맞춰 당연히 레이즈를 했다(상대가 콜을 하는 부분에 대해서는 더 이상 다루지 않겠으니 앞부분을 참고하기 바란다). 그런데 여기서 상

대가 2단 레이즈를 하는 것이다. 이때는 어떻게 해야 할까?

'2컷집이 감히 2단 레이즈를?'

이라며 즐거워해야 할 분위기일까? 아니다. 지금은 바짝 정신을 차려야 하는 상황이다. 자칫 상대가 2컷 스테이라고 해서 얕보는 실수를 할 우려가 있는데, 이것은 아주 위험한 발상이다.

왜냐하면 여러분이 탑(한 장)을 커트한 상황에서 스테이집을 상대로 레이즈를 한 것이기에 여러분의 카드가 어느 정도인지 예측하기가 어려운데, 그런데 거기에 2단 레이즈가 나온 것이기 때문이다. 그렇기에 상대가 2컷 스테이집이라고 하더라도 지금은 분위기가 예사롭지 않다고 판단해야 한다. 따라서 이때의 선택은 오직 콜이다. 3단 레이즈는 못하지만 죽을 수도 없다는 의미다.

그리고 저녁때는 상대가 베팅하고 나오면 콜이다. 그렇지만 상대가 저녁때 베팅을 하지 않고 삥을 한다면 여러분이 이길 가능성이 조금이라도 많은 승부다. 이때는,

-여러분이 6이 달린 7탑일 경우 : 삥굿
-여러분이 6이 안 달린 7탑일 경우 : 베팅 찬스

라고 할 수 있다.

그럼 이번에는 상대가 아침에 2컷을 한 후 스테이를 한 상황에서 여러분도 점심때 2컷을 해서 7탑을 맞췄을 때의 경우를 알아보도록 하자.

상대는 당연히 미리 베팅을 했고, 여러분도 당연히 레이즈를 했다. 그

런데 여기서 상대가 2단 레이즈를 하고 나왔다면 이때는 어떻게 대응해
야 할까? 이때라면,

★ 여러분의 베팅 위치가 앞일 때

-콜만 한다 : 진다고 생각하지는 않지만 3단 레이즈를 했다가 4단 레
이즈를 맞으면 갈 곳이 없어진다. 콜만 하고 저녁때 미리 베팅하고 나가
는 방법을 선택할 수도 있다.

또한 저녁때 뻥을 한 후 상대의 공갈성 베팅을 유도할 수 있다.

-3단 레이즈를 한다 : 지금과 같은 상황에서 3단 레이즈를 하는 것은
여러분에게 큰 즐거움이 없는 운영이다. 3단 레이즈를 했을 때 여러분이
바라는 사항은 상대가 콜을 해주는 것인데 상대가 콜을 하는 순간 이미
만만치 않은 승부가 된다. 따라서 베팅위치가 나쁜 여러분은 저녁베팅
때의 선택이 곤란해 진다. 그렇다고 여러분의 3단 레이즈때 상대가 죽는
것도 득이 될게 없고, 4단 레이즈를 맞는 것은 더더욱 괴로운 상황이다.

그렇기에 상대가 죽든, 콜을 하든, 4단 레이즈를 하든, 어느 쪽이든
여러분에게 크게 즐겁지 않은 상황이라는 뜻이다.

★ 여러분의 베팅 위치가 뒤일 때

-콜만 한다 : 이때의 콜은 여러 가지 의미가 있다.

첫째, 상대를 데리고 가기 위해서.

둘째, 베팅 위치가 좋으니까 상대의 공갈을 유발하려는 의도.

셋째, 3단 레이즈를 했다가 4단 레이즈를 맞으면 부담이 너무 크다.

그리고 저녁때 상대가 베팅을 하고 나오면 콜이고, 상대가 뻥을 달고

나오면 여러분은 베팅을 해야 한다.

-3단 레이즈를 한다 : 상대가 콜을 하면 만만치 않은 승부다. 따라서 상대가 콜을 한 후 저녁때 삥을 하고 나오면 삥콜로 응수한다. 여러분이 3단 레이즈를 했을 때, 상대에게서 바로 4단 레이즈가 나오면 거의 지는 승부다.

자금의 설명을 보면 느낄 수 있듯이 상대가 아침에 2컷을 한 후 스테이를 한 상황에서 여러분도 점심때 2컷을 해서 7탑을 맞췄을 때는, 여러분의 베팅위치가 앞쪽이든 뒤쪽이든 상대가 2단 레이즈를 했을 때 콜만 하는 쪽이 좀더 효과적인 대응이라고 할 수 있다.

ⓒ 상대가 점심커트 후 스테이를 했을 때

지금은 상대가 점심커트 후 스테이를 하고 있는 상태에서 여러분이 마지막(저녁) 커트를 하고 승부를 하는 상황이다. 그러므로 이때 여러분은 탑(한 장)을 바꾼 상황이라고 가정하겠다. 마지막 커트에 2컷을 하고 따라갈 가능성은 아주 적기 때문이다.

A. 상대가 점심커트에 탑(한 장)을 커트한 후 스테이를 했을 때
이와 같은 상황에서 여러분이 마지막에 탑(한 장)을 바꿔 7탑을 만들었다면,

★ 여러분의 베팅 위치가 앞일 때

삥을 달 수도 있고, 먼저 베팅을 하고 나갈 수도 있다. 아주 큰판이나 특별한 경우가 아닌 한 먼저 베팅하고 나가는 것이 올바른 운영이다. 단, 이때 레이즈를 맞으면 콜을 해야겠지만 어려운 승부라고 생각해야 한다. 삥을 달고 나갔을 때는 상대가 베팅하면 콜이다(레이즈는 무리).

★ 여러분의 베팅 위치가 뒤일 때

상대가 베팅하면 콜이고, 상대가 삥을 하면 베팅을 한다. 이때 만약 상대가 삥을 달고 레이즈를 한다면 여기서는 못 죽는다. 콜을 해야 한다는 뜻이다. 이 상황은 상대가 공갈을 시도한 것이 아니라면 지는 승부지만, 그 상황에서의 삥-레이즈는 심심찮게 공갈이 나오는 레이즈기 때문이다.

B. 상대가 점심커트에 2컷을 한 후 스테이를 했을 때

여기서 여러분이 마지막 커트에서 탑(한 장)을 바꿔 7탑을 만들었다. 이때는 어떤 운영을 해야 할까?

★ 여러분의 베팅 위치가 앞일 때

무조건 베팅하고 나간다. 만약 이때 상대가 레이즈를 한다면 '어? 이거 뭐야?'라는 기분을 느끼면서 콜만 한다. 이길지 질지 예상하기 어려운 분위기로서 기분이 약간 나쁜 정도의 상황이라고 생각하면 된다. 상대가 2컷 스테이지만 지금과 같은 상황에서 2단 레이즈는 무리다.

처음부터 먼저 베팅하지 않고 삥을 달고 레이즈를 노리는 운영도 생각
해볼 만한 방법이지만, 이것은 그때그때의 상황과 상대의 스타일을 감
안해 여러분이 선택해야 할 옵션이다.

★ 여러분의 베팅 위치가 뒤일 때

· 여러분이 6이 달린 7탑일 때 : 상대가 베팅하면 콜이다.

· 여러분이 6이 안 달린 7탑일 때 : 상대가 베팅했을 때 레이즈를 고민
해볼 수도 있다. 하지만 이때 역시 콜만 하는 것이 정답에 가까운 운영이
라고 생각하고 그때그때의 상황과 상대의 스타일을 감안해 여러분이 판
단해야 한다(상대가 2컷 스테이지만 마지막에 베팅하고 나온 점을 감안해 무시하지
말아야 한다).

상대가 삥을 하면 베팅을 한다. 이때 만약 상대가 삥을 달고 레이즈를
한다면 여기서는 무조건 콜이다. 콜 이외에 어떤 선택도 없다.

**패턴이나 아침, 점심 등에 2컷 이상으로 7탑이 맞았을 때는 6탑으로 생각
해라**

앞에서도 언급했지만 패턴이나 아침, 점심 등에 여러분이든, 상대든 2
컷 이상으로 7탑이 맞았을 때는 탑(한 장)으로 7탑을 맞췄을 때와는 상
황이 조금 달라진다. 2컷 이상으로 7탑이 맞았을 때는 7탑의 가치가 조
금 더 높아지기에, 승부할 수 있는 범위가 좀더 넓어지고 승률이 좀더 높
아지는 정도로 이해하면 된다.

특히, 패턴이나 아침 3컷에 7탑이 맞은 경우라면 7탑의 가치는 더욱

높아진다. 따라서 이때는 만에 하나 패배하는 일이 발생하더라도 어느 정도 이상의 큰 승부를 걸 수 있는 상황이다. 그렇다고 해서 무작정 막무가내식의 승부를 걸어서는 곤란하다. 이때는 6탑 정도의 족보라고 생각하고 운영을 하면 된다.

로우바둑이게임에서 7탑은 분명 좋은 족보이지만, 또한 언제든지 질 수 있는 족보라는 생각을 가지고 있어야 한다. 그래서 만약 7탑으로 질 때라면 너무 많은 돈을 넘겨서는 안 된다. 그래서 로우바둑이게임에서는 '7탑은 큰돈을 넘기는 카드가 아니고, 6탑으로 큰돈을 넘기지 않을 수 있을 때 진정한 고수가 되는 것'이라는 말이 정설로 내려오고 있는 것이다.

7탑으로 너무 큰 욕심을 부리지 마라

지금까지 7탑이 들어왔을 때의 운영 요령에 대해 여러 가지 예를 들어 설명했다. 설명 내용을 잘 이해한 분들이라면 어느 정도 느꼈으리라 생각하지만 간략하게 결론을 내린다면,

'7탑을 가지고 있을 때 너무 큰 욕심을 부리지 마라.'

라는 한마디로 요약할 수 있다. 7탑이라는 카드는 웬만한 상황에서는 죽기가 싫은 좋은 카드이므로 조금 더 먹으려 욕심을 부리다가 한 번 더 레이즈를 맞고 큰 피해를 입게 되는 경우가 너무도 많기 때문이다. 앞에서도 언급한 적 있지만 여러분이 레이즈를 한 번 더 한다는 것은 상대에게도 재차 레이즈를 할 기회를 주는 것이기에 그 피해가 네 배 이상으로 커진다는 사실을 명심해야 한다.

나름대로는 최선을 다했으나 7탑에 관한 여러 가지 미묘한 부분을 모두 감안해 더욱 상세하게 설명하지 못해 아쉬움이 크다. 커트 수, 베팅 위치, 플레이어의 수, 상대의 스타일, 게임 중의 자금 상황, 6이 달린 7탑인지 6이 안 달린 7탑인지 등등 이러한 모든 부분을 감안한다면 7탑을 가지고 있을 때의 운영에 관한 이론은 한이 없다고 해도 과언이 아니다.

　그렇기에 7탑에 대한 이론만을 완벽히 설명하려고 해도 책 한 권으로는 부족하다고 할 정도로 7탑에 대한 이론은 너무도 엄청나게 많고 동시에 너무도 중요하고 또 중요한 사항이다. 지면 관계상 여러 가지 한계가 있어 그 부분까지 상세히 설명하지 못해 필자 역시 유감스럽다. 하지만 여기서 다하지 못한 설명은 추후 온오프라인을 통해 다시 기회를 만들어 더욱 상세하게 알려 드릴 것을 약속한다.

드로우포커(Draw Poker),
스터드포커(Stud POoker)

여러 차례 이야기해 왔듯이 포커게임의 종류는 150여 가지에 이를 정도로 너무도 다양하다. 물론, 지금 현재 이 150여 가지의 모든 포커게임이 전부 다 성행하고 있는 것은 아니다. 특히 최근에 들어서는 어느 정도 이상이라도 사용되고 있는 게임을 통틀어도 50여 가지가 넘지 않는다고 봐도 무방하다. 그랬을 때 이 50여 가지의 포커게임은 모두 크게 드로우포커와 스터드포커로 나뉜다.

1. 드로우포커(Draw Poker)

액면으로 한 장도 오픈하지 않고, 손안에 모든 카드를 가지고 하는 포커게임.

드로우포커는 서로가 자신의 카드를 상대방에게 한 장도 보여주지 않고 오직 카드를 바꾸는 장수와 베팅 스타일 등으로 상대의 패를 예측하며 승부를 겨루는 게임을 말한다. 카드를 바꾸는 횟수에 따라,

1타임 : 카드를 한 번 바꾸는 룰
2타임 : 카드를 두 번 바꾸는 룰
3타임 : 카드를 세 번 바꾸는 룰

로 분류된다.

　우리나라의 대표적인 게임으로는 로우바둑이, 깜깜이 하이로우, 플러시바둑이, 로우볼, 하이볼 등이 있다. 미국에서는 '5 Card Draw' 게임이 대표적인 드로우포커게임이며, 이 게임이 서양영화의 포커 장면에서 주로 나오는 게임이다.

2. 스터드포커(Stud Poker)

액면으로 카드가 오픈되며 진행되는 포커게임.

　스터드포커는 세븐오디게임처럼 손안에 히든카드를 가지고 나머지 카드를 액면으로 오픈하며 진행하는 게임을 말한다(종목에 따라 1~3장의 카드는 손안에 가지고 있다).

　우리나라의 대표적인 게임으로는 세븐오디, 세븐오디 하이로우, 오픈바둑이 하이로우, 식스투커트, 강게임 등이 있다. 미국에서는 '5 Card Stud' 게임이 대표적인 스터드포커 게임이며, 이 게임이 홍콩영화의 포커 장면에서 주로 나오는 게임이다.

11

당신은 이때 어떻게 하시겠습니까?

마지막 커트만 남은 상황에서 멤버는 여러분을 포함해 세 명이고 여러분의 베팅 위치는 가장 앞이다. 판은 보통 때보다 조금 더 큰 정도고, 여러분과 한 명은 저녁때 한 장을 바꿨고, 한 명(M)은 아침에 한 장을 바꾸고 스테이를 하고 있는 상황이다.

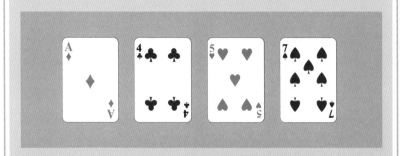

이런 상황에서 여러분은 마지막 커트에 한 장을 바꿔 7탑(A-4-5-7)을 맞췄다. 여러분은 뻥을 달고 나갔고 M이 베팅을 하자 다른 한 명은 카드를 꺾었다. 여러분은 마음먹고 레이즈를 했다. 그런데 여기서 M이 '한 번 더'를 외치며 강하게 2단 레이즈를 한 것이다. 여기서 여러분은 어떻게 대응하겠는가?

㉠ 콜

㉡ 죽는다.

㉢ 3단 레이즈를 하고 승부를 건다.

〈답〉

　지금과 같은 상황은 로우바둑이게임을 하며 하루에 한두 번 이상은 맞이하게 되는 경우라 볼 수 있다. 더욱이 여러분은 '6이 안 달린 7탑'이라는 좋은 카드를 가지고 있는 상황이기에 자칫 잘못하다가는 큰 피해를 볼 수도 있고, 또는 큰 득을 얻을 수도 있는 중요한 상황이다. 그렇다면 여기서는 과연 어떤 선택을 해야 할까?

　대부분의 사람이 '숨도 안 쉬고 콜'이라며 ㉠을 선택하리라 생각한다. 그러나 이 선택은 40점밖에 줄 수 없는 운영이다. 물론 M의 스타일과 판의 분위기에 따라 약간은 이야기가 달라질 수도 있다. 하지만 M이 어느 정도의 기본 실력을 갖추고 있고, 또 정상적인 판의 분위기라면 숨도 안 쉬고 콜을 하는 것은 올바른 선택이라 하기 어렵다. 이러한 상황에서 M이 A-4-5-7에게 지는 카드를 가지고 2단 레이즈를 하는 것은 일단 가능성이 적은 플레이라는 것이다.

　그렇기에 지금과 같은 상황에서는 너무도 아쉬운 마음이 들겠지만 카드를 꺾는 것이 조금이라도 더 정답에 가까운 플레이임을 깨달아야 한다. 물론 언제나 그렇게 해야 한다는 것은 절대 아니다. 여기서 말하고자 하는 것은 콜을 하는 것에 40점을 준다면, 카드를 꺾는 쪽에 60점을 주고 싶다는 의미다. 그리고 여러 가지 정황을 감안해 만약 콜을 하는 선택을 하더라도 그때는 '이기기 어려운 승부지만 혹시 모른다'라는 식의 기분을 가지고 콜을 하는 것이 바람직하다. 즉, 3단 레이즈를 하고 싶은 것을 억지로 참으며 콜을 하는 상황이 아니라는 것이다. 그만큼 여러분의 승산이 떨어지는 상황이 분명하기 때문이다.

3단 레이즈를 하는 것은 너무도 위험한 플레이이기에 그런 운영을 해서는 안 된다고 잘라서 말하겠다. 이 부분에 대한 상세한 설명은 고급편 '7탑의 모든 것' 단락을 참고하기 바란다.

정답 : ㉡

2장 고수로 가는 길

 지금까지 머리 아프고 복잡한 이론들을 이해하고 여러분의 것으로 만드느라 고생하셨다. 이제 로우바둑이게임의 마지막 단락이다. 지금의 이 단락은 지금까지 설명해온 모든 이론을 종합 정리한다는 측면과 함께 실전게임에서 적용되는 이론이라기보다 실전에 임하는 플레이어로서의 마음가짐을 알려주는 쪽에 좀더 비중을 두었다.

 그렇기에 자칫 별로 중요하지 않다고 생각하는 분들이 계실지도 모르지만 그것은 천부당만부당한 생각이다. 지금부터 이야기하는 여러 가지 사항들은 초이스나 베팅, 공갈과 같이 실전에서 사용하는 직접적인 기술은 아니지만 게임의 결과에는 그 어떤 이론보다도 큰 영향을 준다는 사실을 명심해야 한다. 모쪼록 끝까지 힘을 내서 유종의 미를 거두고 이제부터 여러분들 모두가 고수의 길을 갈 수 있기를 기원한다.

1. 스테이를 많이 하는 사람이 이기는 게임

이미 몇 년 전부터 우리나라의 로우바둑이게임은 포커의 본고장 미국에서도 성행하고 있을 정도로 세계적인 게임이 되었다. 아직은 미국에서 완전하게 뿌리를 내리지는 못했지만 머지않아 텍사스 홀덤에 못지않은 최고의 인기를 끌 수 있으리라 기대한다.

그리고 아직은 L.A.의 커머스나 라스베이거스의 벨라지오 등지에서 벌어지는 로우바둑이게임은 우리나라 사람들에게는 다소 어색하게 느껴진다. 그곳에서는 로우바둑이게임을 리미트베팅 룰('포커상식6. 포커게임에서 사용하는 베팅 룰' 참고)을 적용시켜 진행하기 때문이다.

공갈 게임의 백미로 불리는 로우바둑이게임에서야 말로 리미트베팅은 어울리지 않는다. 로우바둑이게임의 큰 매력은 공갈과 함께 K메이드, Q메이드를 가지고 강하게 밀어붙여 A-2-3, A-2-4 등의 추라이가 따라오지 못하게 해서 승리를 얻는 점이라 할 수 있다.

그런데 리미트베팅 룰이라면 로우바둑이게임의 가장 큰 매력을 두 가지 다 사장시켜버리는 것이나 마찬가지기 때문이다. 그래서 벨라지오나 커머스 같은 곳에서도 로우바둑이게임이 우리나라에서처럼 하프베팅 룰로 바뀐다면 그 인기는 폭발적으로 증가할 것이라 확신한다.

이렇듯 로우바둑이게임의 특징은 공갈과 밀어붙이기의 두 가지로 요약할 수 있다. 게임이 시작돼 끝날 때까지 상대들의 패를 단 한 장도 볼 수 없는 상태에서 모든 판단을 해야 하는 게임이기에 그 어떤 게임보다도 공갈의 위력이 클 수밖에 없다. 그래서 로우바둑이를 공갈의 게임이라 표현하며 또 '스테이를 많이 하는 사람이 이기는 게임'이라고 하는 것이다. 그렇다면 과연 스테이를 많이 하는 사람이 이긴다는 것은 어떤 의미일까?

♣ 대부분의 사람이 승부보다 타협을 선호한다

로우바둑이게임을 어느 정도 이상 즐겨본 사람들이라면 대부분 비슷한 감정을 느끼는 부분이 있다. 그것은 바로 상대가 아무리 공갈을 자주 시도하는 사람이라 할지라도 막상 스테이를 하게 되면 이쪽에서 추라이를 가지고 마지막까지 콜을 하고 확인하기가 쉽지 않다는 점이다. 물론 열 판 중 여덟 판, 아홉 판을 계속 스테이를 한다면 이러한 사람을 상대로는 누구든 추라이로 콜을 하고 승부할 수 있을 것이다. 그런데 그 정도가 아니라 열 판 중 네다섯 판 정도 수준으로 스테이를 한다면 거의 대부분의 사람이 추라이로 콜을 하고 확인하기를 꺼리게 되는 것이 보통이다.

그렇다면 로우바둑이게임이 그렇게 쉽게 메이드가 되는 게임인가?

로우바둑이게임에서 아무리 메이드가 잘 된다고 해도 열 판 중 네다섯 판의 비율로 메이드가 된다고 생각하는 사람은 없을 것이다. 물론 아주 게임이 잘 풀리는 날이라면 하루 종일은 아니더라도 어느 정도의 시간까지는 이런 식으로 패가 뜰 때도 있을 수는 있다. 그리고 이러한 때를 가리켜 '불패가 뜬다'라고 표현하기도 한다.

그러나 속칭 불패가 뜨는 일은 한 달에 한두 번 있을까 말까 한 힘든 경우고, 실제로는 한 번 메이드를 만들기도 만만치 않은 것이 사실이다. 그렇다면 열 판 중 네다섯 판을 판판이 스테이하며 밀어붙이는 것을 왜 두려워하고, 추라이로서 확인하기를 꺼리게 되는 것일까?

여기에는 여러 가지 이유가 있지만 그중 가장 큰 이유는,

첫째, 불확실한 상황의 승부보다 확실한 족보로 안정적인 승부를 하겠다는 소극적인 생각

둘째, '설마 이렇게 계속 공갈을 치겠어, 이번엔 진짜겠지'라는 식으로 건곤일척의 긴박한 승부보다 적당한 타협을 우선시하는 생각

이러한 두 가지 성향을 많은 사람이 가지고 있다는 점을 들 수 있다. 이것은 실력이 부족한 부분도 있지만, 당사자의 성품이 그에 못지않은 큰 원인이다.

지금 여기서 '스테이를 많이 하는 사람이 이긴다'라고 말하며 로우바둑이게임에서 공갈의 중요성에 대해 아무리 강조하고, 그리고 이것을 읽으며 수없이 고개를 끄덕여도, 성격상 추라이로 콜을 못하는 성품의 소유자는 실제 상황에서 그런 일이 벌어지면 또 콜을 하지 못한다. 그들은 변함없이 '설마 이번엔 진짜겠지'라는 식으로 똑같은 선택을 되풀이할 뿐이다.

좀더 쉽게 말하면 성품적으로 확인을 할 수 없는 스타일의 사람은 아무리 귀가 아프게 같은 얘기를 반복해서 들어도 들을 때만 고개를 끄덕일 뿐, 영원히 실천에 옮기지 못한다는 뜻이다. 그렇기에 상대가 아무리 무수하게 스테이를 누르고 공갈을 시도해도 그걸 확인하지 못하는 사람은 계속 확인하지 못한다는 것이다.

그런데 재미있는 점은 필자가 지금 이 자리에서 이렇게 이야기하고 있으면서도 필자 역시 게임 도중에 상대가 스테이를 하면 일단은 메이드로

인정하고 플레이를 할 수 밖에 없다는 사실이다. 아무리 상대가 스테이를 자주 해도, 그 상대가 스테이를 눌렀는데 이쪽에서 추라이로서 레이즈를 하기는 어렵다는 뜻이다.

이러한 여러 가지 면을 감안했을 때 먼저 스테이를 한다는 것이, 어찌되었든 게임의 주도권을 먼저 차지하고 우위에 서게 된다는 점만은 아무도 부정할 수 없다. 그리고 게임 도중에 먼저 차지한 이러한 우위가 게임의 마지막까지 이어지는 경우가 생각보다 많다는 사실을 반드시 기억해야 한다.

♣ 상대는 여러분보다 몇 배나 더 큰 고통을 느낀다

또 한 가지 알아두어야 할 점은 좀 전에 이야기했던 식으로 무식하게 자주 스테이를 하는 사람을 상대로는 거의 대부분 공갈을 시도하기를 주저한다는 사실이다. 왠지 잘 죽을 것 같지 않다고 느껴지기 때문이다.

그래서 이러한 스타일을 상대로는 대부분의 사람이 '뜨기만 하면 넌 죽는 거야'라며 잔뜩 벼르고 기회를 노리지만 로우바둑이게임이 원할 때 패를 뜨기가 얼마나 어려운 게임인가. 이러한 의도는 생각처럼 잘 안되고 계속 끌려 다니게 되는 경우가 이어진다.

여러분은 다섯 번에 한 번 메이드를 만들기도 쉽지 않은데, 상대는 열 판 중 네다섯 판 메이드를 만든다는 것은 상식적으로 이해하기 어렵다. 그렇다면 분명 그중에는 공갈 스테이가 있다는 것인데, 왜 그것이 여러분하고 승부가 걸렸을 때는 항상 공갈이 아닌 진카로만 느껴지는지 참으로 불가사의한 일이다.

그런데 재미있는 사실은 이러한 불가사의한 기분을 느끼는 것이 여러분뿐만이 아니라 로우바둑이게임을 즐기는 거의 대부분의 사람에게서 똑같이 나타나는 현상이라는 점이다. 그렇기에 끊임없이 공갈이 위력을 발휘할 수 있고, 공갈 스테이가 통하고, 그래서 스테이를 많이 하는 사람이 이기는 게임이라는 말이 정설로 이어져 내려오는 것이다.

때문에 이제 여러분도 로우바둑이게임에서 지금보다 한 단계 높은 내공을 가지기 위해서는 메이드가 아니더라도 가끔은 스테이를 누르고 공갈을 시도할 줄 아는 그런 기술과 배짱을 키워야 한다. 공갈로 스테이를 하고 승부를 하려면 처음에는 누구나 다리가 후들거리고 가슴속이 쿵쾅거릴 수밖에 없다. 하지만 이를 악물고 그 고통을 견뎌야 한다. 그랬을 때 그 대가는 '상대는 여러분이 느끼는 고통보다 몇 배나 더 큰 고통을 느끼고 있다'라는 사실이다.

2. 2등을 하지 마라

예로부터 사랑과 전쟁에는 2등이 없다고 하지만 그것 못지않게 2등을 해서는 안 되는 분야가 있으니 바로 포커게임이다. 물론 게임이 모두 끝났을 경우의 성적이라면 1등 다음의 차선은 2등이다. 하지만 한 판한 판에서라면 2등은 최악이다.

포커게임에서 2등은 그 판에서 끝까지 따라갔다가 지는 사람을 의미하기에, 필연적으로 가장 많은 피해를 입을 수밖에 없기 때문이다. 이처럼 포커게임에서는 2등보다 꼴등이 차선이 되는 것이기에, 1등이 아니면 꼴등을 해야 한다. 다시 말해 어떠한 경우에도 2등만은 피해야 하는 것

이 포커게임이다.

그렇다면 2등을 피할 수 있는 방법이 있는 것일까? 그 방법만 알 수 있다면 여러분의 성적은 지금보다 훨씬 더 좋아질 수 있을 텐데…….

그러면 지금부터 어떻게 하면 조금이라도 2등을 하는 횟수를 줄일 수 있는지 그 방법을 찾아보도록 하자. 게임 중에 나타나는 대표적인 2등의 경우는,

① 히든까지 따라가서 지는 경우
② 이기고 있다가 히든에 역전을 당하는 경우
③ 같이 스테이를 하고 있는데 지는 패를 가지고 있을 경우
④ 같이 메이드를 못 만들었는데 추라이에서 지는 경우

이러한 네 가지 경우라고 볼 수 있다.

그랬을 때 ②, ③과 같은 경우는 일단 승운이 따르지 않는 부분이라고밖에 달리 해결책을 찾기 어려운 것이 사실이다. 하지만 ①, ④와 같은 경우는 여러분의 운영에서 2등을 피할 수 있는 방법을 찾을 수 있다.

그러면 우선 '① 히든까지 따라가서 지는 경우'를 살펴보자.

상대가 스테이를 하고 있는데 추라이를 가지고 마지막 커트에 따라가는 플레이야말로 2등을 하는 전형적인 운영 방법이다.

'아무리 추라이가 좋아도 상대가 스테이를 하고 있을 때는 마지막 커트에는 따라가지 마라.'

이것은 이 책의 도입부에서부터 귀가 아플 정도로 여러 번 언급해왔던

사항이다. 그렇기에 여기서 다시 이 부분에 대한 이야기를 반복하진 않 겠다. 단, 그러한 플레이가 여러분을 2등의 자리로 밀어 넣는 가장 대표 적인 운영 방법이라는 사실만은 반드시 명심해야 한다.

♣ 1등이 아니면 꼴등을 하는 초이스 방법

이번에는 '④ 같이 메이드를 못 만들었는데 추라이에서 지는 경우'를 살펴보자.

로우바둑이 게임에서 가능한 한 2등의 자리를 피하기 위해 제일 중요 한 요소는 바로 초이스다. 즉, 여러분이 어떤 초이스를 하느냐에 따라 2등이 될 가능성이 높아질 수도 있고, 아니면 반대로 1등이나 꼴등이 될 가능성이 높아질 수도 있다는 이야기다.

처음부터 6추라이, 7추라이 같은 카드가 들어왔을 때라면, 이때는 누구라도 똑같은 초이스를 할 수밖에 없다. 6추라이, 7추라이를 커트 하고 가는 일은 거의 없기 때문이다. 그리고 이 판에서의 결과 역시 어느 정도 정해진 수순대로 진행된다. 즉, 누가 하더라도 초이스의 길이 정해 져 있는 이상 들어오는 패가 변하지 않기에 결과 역시 변하지 않는다는 뜻이다. 하지만 이런 경우가 아니라,

첫째, 아침커트에서 8추라이 9추라이를 가지고 한 장을 바꾸느냐, 아니면 8 추라이 9추라이를 버리고 두 장 이상을 바꾸느냐.

둘째, 아침커트에서 두 장 이상을 바꿀 때 7이나, 6등을 가지고 가느냐, 버 리느냐.

등과 같은 경우라면 이때는 여러분이 어떤 초이스 방법을 선택하느냐에 따라 그 판에서 나타나는 결과가 크게 달라질 수 있다는 점을 명심해야 한다.

그러면 2등을 피할 수 있는 초이스 방법이 어떤 상황에서 어떤 선택을 의미하는 것인지 예를 들어 상세히 알아보도록 하자.

    ㉠ 메이드를 노릴 것인가, 추라이를 노릴 것인가
    ㉡ 3-4-8과 4-5-8의 차이
    ㉢ A-2가 6추라이보다 좋다

위의 세 가지 사항들은 앞의 초이스 단락에서 먼저 다뤘던 부분이다. 그랬을 때 위의 ㉠~㉢의 이론에서 2등을 하지 않는 초이스 요령의 해답을 찾을 수 있다.

㉠ 메이드를 노릴 것인가, 추라이를 노릴 것인가

이 단락에 나오는 이론 가운데 2등을 하지 않는 초이스 방법과 관련이 있는 부분을 다시 한 번 소개하면 아래의 세 가지다.

첫째, 8탑, 9탑 추라이라도 한 장을 바꾸며 메이드를 노릴 수 있다. 단, 이때는 아침커트에 메이드가 안 되면 점심때는 특별한 경우가 아니라면 승부를 포기해야 한다.

둘째, 아침커트에서는 A-6을 가지고 있을 때, 2컷을 하지 않고 이때는 6도 커트하고 3컷으로 간다.

셋째, 아침에 박스를 할 때는 5도 버린다.

이러한 운영 방법은 그 판의 최종 승패 여부를 떠나 추라이 싸움에서 여러분이 지는 그런 현상은 상당 부분 방지할 수 있다. 다시 말해 여러분의 의도대로 되지 않으면 바로 미련을 버릴 수 있기에 아예 꼴등을 하게 된다는 것이다. 즉,

첫째 사항은 아침에 메이드가 되면 승부고, 안 되면 바로 죽는다.
둘째와 셋째 사항은 아주 좋은 추라이가 되든지, 아니면 죽으면 된다.

라는 식의 운영이기에 적어도 추라이에서 끌려다니는 게임은 하지 않을 수 있다는 것이다. 그리고 이러한 초이스가 바로 2등을 하지 않는 초이스 요령이다.

ⓛ 3-4-8과 4-5-8의 차이

본문에서 이미 언급한 바 있지만 4-5-8과 같은 카드를 가지고 있을 때, 4-5를 가지고 가며 2컷을 하는 운영이 바로 2등을 하기 쉬운 초이스 방법이다.

4-5를 가지고 2컷을 한다는 것은 추라이로는 이미 출발부터 이길 가능성이 별로 없는 상황이다. 따라서 이기려면 반드시 메이드를 만들어야 하는데, 메이드를 만들기란 쉽지 않은 일이다. 그렇기에 이런 카드는 중간에 A, 2, 3 중 한 장을 떠서 5추라이를 만들어 보태줄 만큼 보태주고 결국에는(상대가 메이드든, 아니면 추라이에서 지든) 지게 될 가능성이 많은 카드라고 봐야 한다. 즉, 2등을 하게 될 확률이 높다는 것이다.

따라서 위와 같은 카드가 들어왔을 때 고수들은 거의 모두가 4-5를

가지고 2컷을 하는 운영을 즐기지 않는다. 무조건 탑을 커트하고 8탑 메이드를 노려본 후, 메이드가 안 되면 바로 승부를 포기하는 선택을 한다. 그랬을 때 이러한 고수들의 운영 요령이 자연스럽게 2등을 피할 수 있는 방법으로 이어진다는 사실을 이제는 깨달아야 한다.

ⓒ A-2가 6추라이보다 좋다

A-2, A-3 등과 같은 카드를 가리켜 '깨끗한 카드'라고 표현하며 고수들일수록 아주 선호한다고 이미 설명한 바 있다. A-2, A-3 등과 같은 카드는 추라이가 되는 순간 바로 큰 힘을 쓸 수 있기에 다음번의 선택이 아주 쉬워진다. 즉, 추라이가 되면 자신 있게 승부할 수 있는 상황이 되는 것이고, 추라이가 안 되면 미련 없이 죽을 수 있다는 것이다. 패를 받아본 후 선택의 폭이 아주 간단하고 명확하다는 이야기다.

이처럼 A-2, A-3등과 같은 카드는 아침커트 전에 판을 어느 정도 키워놓은 후, 추라이가 되면 강력하게 승부를 걸 수 있고, 생각대로 되지 않으면 바로 미련을 버릴 수 있는 매력적인 카드다. 그리고 이러한 운영은 자연스럽게 2등이라는 괴로운 자리를 피할 수 있게 해준다.

몇 가지 예를 들어 2등을 하지 않는 초이스 방법에 대해 간략하게 알아보았다. 이론 설명 중 초이스 단락에서 다루었던 부분들에 대해서는 중복을 피하기 위해 상세히 언급하지 않았다. 그러므로 이해되지 않는 부분이 있으면 초이스 단락의 본문 내용과 함께 비교해가며 읽어보기 바란다.

지금 설명했던 이러한 초이스 방법들을 사용한다고 해서 반드시 여러분이 2등을 피해갈 수 있는 것은 아니다. 그러나 지금의 이론을 잘 이해해 여러분의 것으로 만든다면 실전게임에서 여러분이 2등을 하는 괴로움을 상당 부분 줄일 수 있다는 것만은 장담한다.

3. 안되는 상대와의 승부를 피하라

로우바둑이게임을 하다보면 과학적으로 설명하기 어려운 묘한 징크스라는 것이 생각보다 훨씬 자주 그리고 정확하게 나타나는 점에 대해 필자는 불가사의함을 느낀다.

'이상하게 여기만 오면 안돼.' (장소)
'저 친구하고만 붙으면 깨져.' (사람)
'왠지 쟤는 자신 있어.' (사람)
'초반에 높은 족보를 잡고도 큰 장사를 못하면 그날은 꼭 박살이 나더라.' (패)
'오늘은 8탑만 잡으면 빠꾸를 맞네.' (패)

어느 정도 이상 로우바둑이게임을 즐겨온 사람들이라면 거의가 이런 기분을 한두 번씩은 느껴봤으리라 생각한다. 이러한 일종의 징크스라는 것은 어찌 보면 아주 허황된 발상이기도 하지만 또 한편으로는 묘한 승부의 흐름이고 피하기 어려운 숙명인 것 같기도 하다.

특히, 일류들 사이에서는 처음 가는 장소에서 두 번을 연속 지게 되면 그곳에는 더 이상 가지 않는다고 하는 말이 불문율처럼 내려오고 있을 정도다. 그래서 이번 단락에서는 게임 운영 외적인, 그러나 게임의 결과에 엄청나게 큰 영향을 주는 '천적'이라는 징크스에 대해 말하고자 한다.

이것은 오랜 세월 동안 이어진 필자의 경험에서 얻어진 것이기에 과학적인 근거는 없더라도 로우바둑이게임을 즐기는 여러분들에게는 그 어떤 이론 못지않게 중요한 이야기이므로 반드시 그 뜻을 새겨두기 바란다.

♣ 천적의 종류

로우바둑이게임에서의 천적이란 크게 세 가지 종류로 나눌 수 있다.

첫째, 언제나 부담스럽고 어려운 상대로서 천적이다. 이러한 천적은 달리 표현하면 여러분보다 고수라고 볼 수 있다.

둘째, 실력으로 여러분보다 고수가 아닌데 왠지 항상 게임이 잘 안 풀리는 스타일의 천적을 의미한다.

셋째, 실력과 전혀 상관없이 그날그날의 게임에서 여러분과 게임이 잘 안 풀리는 스타일의 천적. 즉, 그날그날의 천적을 의미한다.

이렇게 세 가지로 분류했을 때 첫 번째와 두 번째 천적에 대한 해결은 간단하다. 게임을 같이 하지 않으면 된다. 그런데 세 번째 스타일의 천적은 그런 상황하고는 약간 다르다. 이 경우는 게임이 시작 되고 나서 시간이 지나면서 점차 알게 되는 것이기에 게임을 안 하면 된다는 식의 해결책을 쓸 수가 없다.

그렇다면 과연 지금 말한 그날그날의 천적이라는 것이 정말 있는 것이며, 만약 있다면 어떻게 대응해야 할까?

이 부분에 대해 필자는 그날그날의 천적은 반드시 있다고 감히 장담한다. 물론, 여러분이 5일 동안 게임을 했을 때 그 5일 모두 항상 천적이 있다는 것은 아니다. 하지만 5일간의 게임 중 적어도 2~3일 정도는 그러한 천적이 있을 확률이 상당히 높다. 그리고 이와는 반대로 천적이 아닌 여러분의 밥, 즉 여러분에게 게임이 잘 풀리는 그런 상대도 천적과 마찬가지 비율로 나타났다가 사라지곤 한다.

그랬을 때 여러분이 '이상하게 오늘은 저 사람하고는 게임이 안되네'라고 느끼는 상대가 있다면 바로 그 순간부터 의도적으로 그 상대와의 승부를 피하라는 것이다. 이것은 들어보면 초등학생들도 할 수 있는 아주 쉬운 일이다.

그런데 로우바둑이게임을 즐기는 거의 대부분의 하수들은 한결같이 그날그날 자신에게 게임이 잘 안 풀리는 천적에게 더욱 강한 적대감과 승부욕을 가지고 씩씩거리고 있으니 이해하기 어려운 일이다. 그날그날의 천적이라면 그날의 게임에서 이미 여러 번 큰 패배를 당한 상대를 의미한다. 그렇기에 대부분의 하수들이 천적이라 생각하고 승부를 피하기는 커녕 오히려 '너 한 번만 걸려봐라. 하루 종일 패가 그렇게 잘 떠?'라며 이를 부득부득 갈면서 다른 상대보다 더욱 강한 적개심을 가지게 되는데, 이러한 감정은 필연적으로 무리로 이어질 수밖에 없다.

안 그래도 게임이 잘 안 풀리는 상대인데 무리까지 동반해가며 승부를 건다면 결과는 좋지 않은 쪽일 확률이 훨씬 더 높다. 당연하지 않겠는가. 평범한 상황에서 정상적인 승부를 해도 게임이 잘 안 풀리는 상대라면 승운이 따르지 않을 텐데, 거기에 무리까지 동반된다면 이것은 중상을 입을 가능성이 농후하다.

그런데 이 너무나도 간단하고 평범한 진리를 거의 대부분의 하수들은 인정하지 않으려 한다. 그리고는 감정만을 앞세운 채 그날그날의 천적에게 더욱더 저돌적이고 공격적으로 대응하려 한다. 이렇게 되면 돌아오는 것은 십중팔구 올인이라는 두 글자밖에 없다는 사실을 이제는 깨달아야 한다.

♣ 승부의 흐름에 순응하라

그날그날의 천적을 피한다고 하는 것은 자칫 '그렇게 깨지고 넌 벨도 없냐'라는 식의 기분을 느낄지도 모르겠으나, 천만의 말씀이다. 승부의 흐름을 제대로 읽을 줄 아는 진정한 고수로서의 면모를 보여주는 것일 뿐, 절대로 비겁하다거나 승부사로서의 기질이 부족하다거나 남자답지 못하다는 식의 이야기를 하는 사람은 없다.

로우바둑이게임은 패턴퍼펙트를 잡고도 장사가 안 될 수도 있고, A-2-3 추라이를 가지고 엄청나게 큰판을 이길 수도 있는 게임이다. 그리고 이러한 부분은 인력으로 해결할 수 있는 부분이 아니기에 그만큼 로우바둑이게임이 어렵다는 것이다.

그날그날의 천적이란 자신과 게임이 가장 잘 안 풀리는 사람을 의미하는 것인데, 굳이 그런 상대를 대상으로 승부를 고집할 이유가 무엇이겠는가? 자존심이라는 감정만 빼면 하등의 이유가 없다고 해도 무방하다.

게임이 잘 안 풀리는 사람을 상대로 승부를 할 때는 여러분이 기가 막힌 공갈 타이밍을 잡아 공갈을 시도해도 그 상대는 패를 떠서 온다. 즉,

못 뜨면 여러분의 공갈이 성공할 상황인데 그럴 때 그 천적은 패를 떠서 여러분에게 또 제동을 건다는 의미다. 또한, 천적이 패턴 J탑, Q탑으로 메이드되어 스테이를 하고 여러분은 아침부터 A-2-3으로 출발해도 끝내 안 뜬다는 식이다. 이러한 현상을 가리켜 보통 '사대가 맞지 않는다'라고 표현한다. 그렇다면 아무리 약이 오르더라도 이런 상대를 대상으로 승부를 하기보다는 그날그날 여러분과 승부가 잘 되는 상대와 승부가 걸렸을 때(이런 상대가 없다면 평범한 상대라도 괜찮다) 조금 더 과감하게 승부를 걸어보는 것이 더 현명한 선택이 아니겠는가?

그리고 이러한 선택이 바로 승부의 흐름에 순응하는 길임을 명심해야 한다.

4. 베팅 위치만 좋다면 신과도 승부한다

"베팅 위치만 좋다면 로우바둑이게임의 신과도 승부한다."

이제는 무대의 뒤편으로 사라졌지만 아직도 필자의 기억에 가장 강하게 남아 있는 전설적인 승부사 S가 로우바둑이게임에서 베팅 위치의 중요성을 강조하며 입버릇처럼 했던 말이다.

그러면서 S는,

"베팅 위치의 중요성을 정확하게 이해했을 때 로우바둑이게임이 보이기 시작한다. 로우바둑이게임은 베팅 위치의 중요성과 7탑만 확실하게 알면 끝난다."

라고 주장했다.

아주 오래전의 일이다. 서울 잠원동에서 로우바둑이게임이 벌어졌던 날인데, 필자는 이날 선수는 아니었고 필자의 친구였던 K와 함께 동행한, 말하자면 뒷전이었다.

당시 외과 의사였던 K는 전문가급은 아니었지만 아마추어로서는 꽤 높은 수준의 실력자였다. K는 게임 초반에는 잘 풀리지 않아 고전했으나 시간이 지나면서 조금씩 회복하며 본전 근처에서 왔다갔다하는 상태였다. 그러면서 시간은 계속 흘러 게임이 끝날 때가 가까워졌는데도 K는 그저 본전 정도의 상태였다. 그러다가 게임 끝날 시간이 10분이나 남았을까. 갑자기 큰 회오리바람이 몰아쳤다.

여섯 명의 로우바둑이 게임이다. 아침커트 전부터 판이 달아올라 세 명이 죽고 K를 포함한 세 명의 승부. 세 명 모두 아침부터 모두 탑(한 장)을 커트했다. 베팅 순서는 정씨, K, 한씨의 순이었다.

아침커트 후 가장 앞 순서인 정씨가 체크를 했고, K는 힘차게 베팅을 하고 나왔다. 그러자 뒤에 있던 한씨와 정씨 역시도 콜. 그리고 나서 점심커트였는데 이번에도 모두가 탑이었다.

점심커트 후에도 정씨는 체크를 하고 나왔고 K가 또 자신 있게 베팅을 했다. 그러자 뒤에 있던 한씨가 바로 레이즈를 하며 판을 흔들었다.

잠깐 고민하던 정씨는 카드를 꺾었고, K는 기다리고 있었다는 듯 2단 레이즈를 하며 강한 모습을 나타냈다. 한씨는 다이렉트콜로 응수. 그리고 나서 마지막 커트였는데 예상대로 두 명 모두 스테이였다.

마지막 베팅에서 베팅 위치가 앞인 K는 또 늠름하게 베팅을 하고 나갔는데 점심때 콜만 하며 약한 모습을 보이던 한씨가 레이즈를 하는 것이었다. 이것은 누가 보든 한씨가 점심때 K를 달고 간 상황이기에 한씨의 패는 아주 잘 맞은 분위기였다. 필자가 보기에 최소한 5가 안 달린 6탑 정도는 되는 느낌이었다.

♣ 빠꾸 맞는 순간 졌다고 느끼면서도 약이 올라서 한 번 더 돌렸다

필자는 무의식적으로 고개를 돌려 K의 안색을 살폈다. 그러자 K는 조금도 지체 없이 2단 레이즈를 하는 것이었다. 그러면서 판에는 산더미처럼 돈이 쌓였다. 순간 필자는,

'아, K가 무지하게 잘 맞은 모양이구나.'

라고 생각하며 가슴을 쓸어내렸다. 그리고는 2단 레이즈를 맞고 주춤하며 고민하는 한씨의 모습을 보면서 이판은 K가 이길 수 있는 상황이라고 생각했다.

잠시 고민을 하던 한씨가 결심한 듯 콜을 했는데 한씨의 패는 역시 깨끗한 6탑(A-3-4-6)이었다. 한씨의 패를 보는 순간 내 예상과 크게 차이나지 않았기에 베팅 상황상 나는 K의 승리를 기대하고 있었다. K 역시그 정도 판단은 충분히 할 수 있는 실력이었기 때문이다. 필자는 K의 승리를 예상하며 K쪽으로 시선을 돌렸는데, 왠지 K의 표정이 어둡게 느껴졌다.

'설마 초보자도 아닌데 여기서 엉뚱한 패가 나오는 건 아니겠지?'

라고 생각하며 필자가 약간 불안감을 느끼는 순간 K는 침통한 얼굴로 자신의 패를 던져버렸다. 한씨의 승리였다.

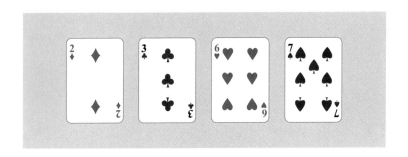

　필자는 이해하기 힘든 K의 베팅과 플레이에 대해 큰 의구심을 가졌지만, 그 의문은 얼마 지나지 않아 바로 풀렸다. 게임을 끝내고 돌아오는 길에 필자가,

　"아까 뭐였는데 그렇게 쳤던 거야?"

라고 물었더니 7탑, 그것도 6이 달린 7탑(2-3-6-7)이라는 것이었다.

　6이 달린 7탑이라면 아까의 상황은, 처음부터 판이 달아올라 있었다는 점과 처음부터 세 집 모두 탑, 그리고 점심커트에서 2단 레이즈를 맞고도 다이렉트콜을 했던 점 등 모든 상황을 종합해서 판단했을 때 마지막에 서로 스테이를 한 후에는 뻥을 달고 나가든지, 설혹 베팅을 하고 나가더라도 레이즈를 맞으면(한씨가 점심때 달고 간 상황이므로) 거의 지는 승부라 생각하고 죽었어야 했다. 그리고 좀 전에도 언급했듯이 K가 그 정도를 모를 수준은 아니었다. 이해하기 힘든 상황에 필자가,

　"아니 그런데 어떻게 그런 플레이를 해?"

라고 물었더니 K가,

　"사실 나도 저녁에 칠까 말까 망설였는데 뻥을 하면 저쪽에서도 꼭 뻥콜을 할 것 같더라구. 그래서 치고 나갔는데……, 빠꾸 맞는 순간 진 거 아냐? 그래서 약이 올라서 나도 모르게 한 번 더 돌린 거지 뭐……."

라는 것이었다.

　K의 말을 들어보니 거의 게임 막바지 상황이라는 점을 감안하면 인간인 이상 순간적으로 그런 감정이 생길 수도 있겠다는 기분이 들긴 했다. 하지만 아무리 그렇다고 해도 K는 하루 종일 게임을 해도 쉽게 잃기 힘든 큰돈을 그 한 판으로 없애버린 것이었기에 좀 심하다는 생각이 들었다.

♣ 베팅 위치에 따라 플레이가 달라진다

　그렇다면 과연 K의 그러한 플레이가 나온 것이 '약이 올랐다'라는 그 한 가지 이유 외에 다른 이유는 없을까? 만약 이 판에서 K의 베팅 위치가 뒤쪽이었다면 어떤 상황이 벌어졌을까? 점심때의 상황부터 살펴보기로 하자. 이 판에서는 점심때,

　· K-베팅, 한씨-레이즈, K-2단 레이즈, 한씨-콜

이었다. 만약 K의 베팅 위치가 뒤쪽이었다면 아마도,

　· 한씨-베팅, K-레이즈, 한씨-2단 레이즈, K-콜

이 정도였을 것이다. 즉, 점심때의 상황은 똑같다고 볼 수 있다. 그런데 마지막 베팅 때에는 어떻게 될까?

　이때라면 아마도 한씨가 미리 베팅을 하고 나올 테고 K는 콜을 할 것이다. K의 입장에서는 죽기도 싫고, 레이즈를 하는 것도 어려운 상황이

다. 그렇다면 K는 비록 패하긴 했어도 그리 큰 피해를 입지 않는다. 물론, 그렇다고 해서 앞의 게임에서 K가 큰 피해를 본 것이 베팅 위치 때문이라고 단정하는 것은 아니다.

K가 저녁에 베팅하고 나간 후 레이즈를 맞았을 때 죽었으면 큰 피해가 없었을 테고, 그리고 실제로도 레이즈를 맞았을 때 죽는 것이 올바른 운영이기 때문이다. 하지만 K의 '빠꾸를 맞는 순간 무조건 졌다고 느끼면서도 약이 올라서'라는 말이 무엇을 의미하는지 한번 음미해볼 필요가 있다.

K의 입장에서는 베팅하고 나갔다가 레이즈를 맞은 것이기 때문에 그 상황에서 카드를 꺾으려니 '뻥 달고 확인할 걸'이라는 기분이 들며 자신의 플레이에 후회를 하게 된다. 레이즈를 맞고 그때 죽었으면 전혀 문제가 없는 플레이인데도, 단지 상대의 패를 눈으로 직접 확인하지 못한다는 점 때문에 왠지 자신이 실수를 한 것 같은 기분이 든다는 것이다. 다시 말해 K가 베팅을 하고 나간 것까지는 정상적인 플레이인데도 '이럴 줄 알았으면 뻥 달고 저쪽에서 때리면 죽을 수도 있었는데'라는 식으로 자신의 플레이에 불만을 가지게 된다는 것이다. 이것이 바로 K가 말한,

'약이 올라서…….'

라는 부분이다. 그리고 이러한 감정이 결국 2단 레이즈라는 엄청난 무리수로 이어지게 된 것이다. 물론 K의 베팅 위치가 앞이었기 때문에 이런 일이 발생했다고 말할 수는 없다. 하지만 베팅 위치가 앞이라는 점이 조금이라도 영향을 줬다는 점은 틀림없는 사실이다.

♣ 칼날을 잡지 말고 칼자루를 잡아라

이처럼 로우바둑이게임에서 베팅 위치의 선후는 비단 '베팅 순서가 앞이다', '커트를 먼저 한다'라는 기본적인 부분 외에도 상황에 따라 게임 진행에 엄청난 영향을 준다는 점을 명심해야 한다. 앞서 K의 예를 들었지만 그러한 상황 외에도 베팅 위치의 선후에 따라 큰판을 이길 수도 있고, 큰 소득을 올리지 못하고 아쉽게 끝나는 경우도 비일비재하다. 또한 큰 피해를 입을 수 있는 판에서 최소한의 피해로 막아내는 일도 얼마든지 일어난다.

예를 들어, 여러분이 아침2컷에 'A-2-3-9', 'A-2-4-9' 같은 카드로 바로 메이드가 됐는데 상대가 모두 기권하고 1 : 1 승부가 되었을 경우, 여러분의 베팅 위치가 좋을 때에는 상대가 앞에서 2컷을 하고 나온다면 (경우에 따라서는 상대가 탑을 하고 나오더라도) 여러분은 스테이를 하지 않고 9를 커트해 좀더 큰 승리를 노려볼 수 있다. 그리고 이러한 운영은 고수들이 아주 즐기는 방법이기도 하다. 즉, 스테이를 해서 아예 손님을 쫓아버리기보다 추라이가 아주 좋고, 베팅 위치도 좋으니 약간의 위험 부담이 있더라도 한 장을 바꾸고 좀더 큰 승부를 만들어보자는 의도이다.

하지만 여러분의 베팅 위치가 나쁘면 이런 플레이를 하기가 쉽지 않다. 일단 메이드를 커트하는 것도 그렇지만 베팅 위치가 나쁜 상황에서 모험을 할 필요는 없기 때문이다. 로우바둑이게임을 하면서 매 커트 때마다 상대방이 몇 장을 커트하는지 알고 나서 자신의 플레이를 결정하고, 또 매번 베팅 때마다 상대의 베팅 상황을 모두 알고 난 후에 자신의 베팅을 결정 할 수 있다는 것은 상상 이상으로 엄청나고 또 엄청난 그리고 어마어마한 이점임을 이제는 깨달아야 한다. 그래서 로우바둑이게임에서는 '베팅 위치가 좋을 때 큰 승부를 만들어라', '자신이 딜러를 하는 판에 승부를 걸어라'라는 식으로 베팅 위치의 중요성을 강조하는 말들이 너무도 많다.

라스베이거스에서는 나쁜 베팅 위치를 가리켜 '언더 더 건(under the gun, 총구 앞)'이라고 표현하며, 또한 라스베이거스의 일류 플레이어들은 베팅 위치가 앞이냐 뒤냐에 따라 자신이 가지고 있는 패의 가치가 30% 이상 차이가 난다고 말한다. 그리고 한국 야구계의 거목이자 로우바둑이게임의 초일류 실력자였던 D는 "로우바둑이게임에서 베팅 위치의 선후는 칼날을 잡고 승부하느냐, 칼자루를 잡고 승부하느냐와 같다"라고 말하며 베팅 위치의 중요성을 강조했다. 그리고 사기도박으로도 잡을 수 없다고 자타가 공인하던 전설적인 승부사 S가 "베팅 위치만 좋다면 로우바둑이게임의 신과도 승부한다"라고 큰소리를 칠 정도로 베팅 위치의 중요성은 아무리 강조해도 지나치지 않는다.

모쪼록 여러분 모두가 베팅 위치가 게임에서 차지하는 비중이 얼마나 큰지를 확실하게 이해해 한 차원 높은 고수의 길로 접어들 수 있기를 바란다.

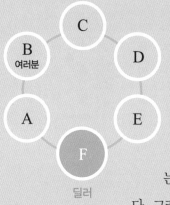

로우바둑이게임 문제

Q 12

당신은 이때 어떻게 하시겠습니까?

베팅 순서 : A-B-C-D-E-F

딜러 : F

여러분 : B

아침커트 전에 선두인 A가 베팅을 하고 나왔다. B(여러분), C, D는 차례로 콜을 했고, E가 레이즈를 했다. 그러자 딜러인 F가 2단 레이즈를 했다. A와 D는 카드를 꺾었고, B, C, E는 모두 콜을 했다.

아침커트 전부터 2단 레이즈가 나오며 판은 처음부터 달아올랐다. 그러고 나서 아침(첫 번째)커트다.

B-두 장, C-한 장, E-두 장, F는 한 장을 바꿨다. 아침커트에서 A-2-3 추라이를 건진 B가 베팅을 하고 나갔다.

C는 콜을 했는데 두 장을 바꾼 E가 레이즈를 하는 것이다. 그러자 딜러인 F는 카드를 꺾었다. B는 콜을 했고 C는 카드를 꺾었다. 그러면서 이제 아침에 한 장을 바꾼 C와 F는 죽고, 아침에 두 장씩을 바꾼 B와 E의 1 : 1승부로 압축됐다.

B는 당연히 한 장을 바꿨는데, 뒤에 있던 E가 자신 있게 스테이를 외쳤다.

E가 두 장을 바꾸고 스테이를 했기에 B는 '웬만한 것만 뜨면 레이즈다'라고 굳게 마음먹고 천천히 카드를 확인했는데 7이 올라와 'A-2-3-7', 7탑으로 메이드가 되었다.

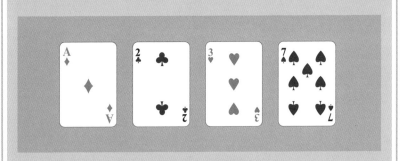

B는 삥을 달고 나갔고 E는 당연히 베팅을 했다. B가 레이즈를 한 것은 정해진 수순. 그런데 여기서 2컷 스테이라서 만만하게 생각했던 E가 예상을 뒤엎고 자신 있게 2단 레이즈를 하며 강한 모습을 보이는 것이다.

자, 여기서 B는 어떻게 하겠는가? 판은 이미 상당히 커져 있고 아직은 마지막(저녁) 커트와 베팅이 한 번 더 남아 있다는 점을 감안하고 정답을 선택해보기 바란다.

㉠ 숨도 안 쉬고 3단 레이즈

㉡ 만만치 않은 상황이라고 판단, 콜만 한다.

㉢ 지는 상황이라 판단, 죽는다.

<답>

바로 3단 레이즈를 하는 것은 즐거움이 없다

일단 여기서 죽는 것은 누가 보더라도 동의하기 어려운 상황이다. 당연히 E가 2컷 스테이라는 점을 어느 정도 감안한 판단이다. 그리고 실제로도 ©처럼 죽는 것은 정답이라고 하기 싫은 상황이다. 따라서 일단 ©은 정답에서 제외하기로 하자.

그러면 정답은 ⊙ 아니면 ⓒ이 되는데, 과연 어떻게 하는 것이 올바른 선택일까?

우선 ⊙부터 살펴보도록 하자.

⊙은 한마디로 표현해 B에게 즐거움이 없는 플레이라고 할 수 있다. 만약 B가 지게 될 경우 너무 큰 피해를 입게 되고, 반대로 이길 경우라면 큰 득을 보기 어려운 운영법이기 때문이다. 다시 말해 B가 그 상황에서 3단 레이즈를 날렸을 때, E가 죽든지, 콜을 하든지, 아니면 4단 레이즈를 하든지, 어떤 경우든 B에게 크게 즐겁지 않은 상황이라는 것이다. 그럼 지금부터 그 이유를 하나씩 살펴보자.

첫째, E가 죽을 경우

이때는 E가 B에게 이길 수 있는 패를 가지고 죽은 것이 아닌 한 B에게는 득이 될 게 전혀 없는 상황이다. 어찌 됐든 더 이상의 돈을 E로부터 빼내지 못했기 때문이다.

둘째, E가 콜을 할 경우

이때는 일단 만만치 않은 승부로 봐야 한다. 즉, 다음번 베팅이 한 번 더 남아 있는데도 E가 콜을 하고 들어온다면 E의 패는 일단 B보다 강패일 가능성을 무시해서는 안 된다. 더욱이 다음번의 베팅 위치도 B가 불리한 상황임을 감안하면 E가 의도적으로 여러분을 데리고 가기 위해 콜만 했을 수도 있다.

셋째, E가 4단 레이즈를 할 경우
이때는 90% 이상 B가 지는 승부다. 더욱이 다음번의 베팅 위치까지 불리한 상황이기에 이 경우라면 B는 무조건 패를 꺾어야 한다. 그런데 B는 A-2-3-7이라는 좋은 카드를 가지고 있기에 죽기가 싫은 기분을 강하게 느낄 수밖에 없고, 자칫 이것은 큰 피해로 이어질 수도 있다. 이와 같은 여러 가지 이유로 ㉠은 정답이 아니다.

정답 : ㉡

정답은 ㉡이라고 했는데 그러면 콜을 하고 난 후 마지막 베팅 때는 어떻게 운영을 해야 할까? 이 부분이 바로 이 문제의 핵심 포인트다.

점심때는 콜로 끝내고, 저녁때 미리 베팅하고 나가라
일단 B와 E, 모두 스테이를 하리라는 것은 뻔한 일이다. 그렇다면 앞의 베팅 위치에 있는 B는 그 전 E의 레이즈에 콜만 했으니 삥을 하고 나가야 한다고 생각할지도 모르겠다. 하지만 여기서는 먼저 베팅을 하고 나가는 것이 고수라면 알고 있어야 할 차원 높은 운영이다. 즉, 점심때 E의 2단 레이즈에서 콜만 한 후, 저녁때 베팅에서 먼저 베팅을 하고 나가라는 것이다. 이 부분에 대해 아마도 많은 분께서 고개를 갸웃거리며 의문을 나타낼지도 모르겠다. 그리고 혹자는,

"그럴 바에는 점심때 바로 한번 더 레이즈를 한 후, E의 태도를 보고 나서 저녁에 삥이나 체크를 하는 것이 낫지 않느냐? 아니 낫지는 않더라도 그것과

마찬가지 아니냐?"

라고 반문하실지도 모르겠다. 만약 이처럼 반문하는 분이 있다면 그것은 스스로가 로우바둑이게임의 고수가 아님을 증명하는 것에 지나지 않는다.

최선의 운영은 조금 전에 말한 방법임을 깨달아야만 여러분도 로우바둑이게임의 고수가 될 수 있음을 명심해야 한다. 그러면 그 이유를 설명하도록 하겠다.

점심때 바로 3단 레이즈를 했을 때 E가 콜을 하면 이미 만만치 않은 승부

점심때 바로 3단 레이즈를 하는 것은 점심때 콜을 한 후 저녁에 먼저 베팅을 하는 것과는 너무도 엄청난 차이가 있는 운영이다. 그것은 E에게서 레이즈가 나오는 것을 염려하는 것이 결코 아니다. 여러분(B)이 깨달아야 할 가장 중요한 차이점은 E로부터 돈을 더 이길 수 있는 상황을 없앨 수도, 만들 수도 있는 운영이라는 점이다. 이렇게 이야기하면 또,

"진다면 모를까, 이긴다면 바로 레이즈를 하는 게 E의 돈을 조금이라도 더 가져올 수 있는 거 아냐?"

라고 주장할 것이다. 하지만 이것 역시 너무도 혼자만의 안일한 생각임을 이제는 알아야 한다. 물론 E가 B에게 지는 패(7탑이나 8탑 이상)로 끝까지 계속 콜을 해준다면 당연히 최상의 시나리오다.

그러나 현실을 냉정하게 분석해보면 이것은 쉽지 않은 가능성이다. E가 아주 초보자거나 또는 B의 패를 공갈로 보지 않는 한, 7탑 8탑 등의 족보를 가지고 점심때 3단 레이즈를 받고 들어간 후, 저녁(마지막)베팅에서도 콜을 한다는 것은 실현 가능성이 희박한 기대라는 것이다. 더구나 지금의 판은 아침커트 전부터 한껏 달아올라 있기에 한 번의 콜이 엄청난 부담이 되는 상황이다.

물론 E의 패가 A-2-4-7 혹은 A-3-4-7 등의 패라면 그 기대가 맞을 수도 있다. 하지만 그렇더라도 E의 입장에서는 저녁에서의 베팅이 또 부담되기 때문에 A-2-4-7 혹은 A-3-4-7 등과 같은 패를 가지고도 선뜻 콜을 하기가 망설여지는 상황이라는 의미다. 이때 그 가능성과 기대를 조금이라도 높게 해주는 점이 있다면 그것은 E가 2컷 스테이를 했다는 점이다.

하지만 그 한 가지 점만을 가지고 E가 B에게 지는 패를 가지고 끝까지 콜을 해주길 기대하는 것은 B만의 생각임을 명심해야 한다. 다시 말해 B가 점심때 바로 3단 레이즈를 했을 때, E가 B에게 지는 패를 가지고 있다면 콜을 해줄 가능성이 그리 높지 않다는 이야기다. 그렇기에 이때는 만약 E가 콜을 한다면 그건 이미 B가 이기기 만만치 않은 승부라고 해석해야 한다. 물론 그렇다고 해서 이 상황에서 B가 진다고 말하는 것은 아니다. 실제로 E가 7탑을 가지고도 콜을 해줄 수 있기 때문이다.

한 번의 베팅에 의해 승부가 달라진다

그러면 B가 점심때 바로 3단 레이즈를 하고 E가 콜을 했다면 저녁(마지막)에는 어떻게 하겠는가? 또 베팅을 하고 나가겠는가?

앞에서 언급했듯 판이 이미 상당히 커져 있다는 점을 감안한다면, 이때는 아마 베팅을 하고 나가기가 만만치 않을 것이며, 실제로도 베팅을 해서는 안 되는 상황이다. 지나친 모험이라는 것이다. 그렇다면 저녁에는 삥을 해야 하는데, 이 부분에서 점심때 바로 3단 레이즈를 하는 플레이의 잘못된 점이 증명된다.

저녁에 B가 삥이나 체크를 하게 되면 E는 콜로 응수할 수도 있고 베팅을 할 수도 있다. 그런데 만약 E가 베팅을 한다면 그것은 거의 B의 패배를 의미한다. 그리고 만약 E가 베팅을 하지 않는다면 그것은 B에게도 충분히 승산이 있다고 볼 수 있다. 그렇다면 여기서 정답이 나온다.

저녁에 B가 삥을 했을 때 E가 삥굿을 하고 B가 만약 이겼다고 가정을 한다면, 이 상황은 B가 점심때 바로 3단 레이즈를 한 것이나, 점심때 콜만 하고 저녁에 베팅을 하고 나갔을 때 E가 콜을 한 것과 똑같은 상황이다.

하지만 조금 전에도 설명했듯이 E가 B에게 지는 패를 가지고 있는데, B가 점심때 바로 3단 레이즈를 하면 거기서 바로 패를 꺾을 가능성이 많다. 콜을 하고 나서 저녁때 베팅을 또 받아야 한다는 큰 부담이 남아 있기 때문이다.

그러나 점심때 B가 콜만 하고 나서 저녁에 베팅을 했을 때는 E가 콜을 해줄 가능성이 조금이라도 더 많아진다. 이때라면 마지막 베팅이기에 더 이상의 부담을 걱정할 필요가 없기 때문이다.

다시 말해 B가 이기는 경우라면 점심때 콜을 하고 저녁에 먼저 베팅을 하고 나가는 것이 E로부터 콜을 유도해낼 가능성이 조금이라도 더 많다는 의미다.

로우바둑이게임은 거의가 하프베팅 룰을 사용하고 있다. 그렇다면 마지막 한 번의 콜은 그때까지 들어간 모든 금액을 더한 것과 같다는 점을 감안했을 때 E가 콜을 해주느냐 마느냐는 엄청난 차이다. 그래서 하프베팅 룰에서는 한 번의 베팅에 따라 승부가 달라진다고 하는 것이다.

물론 B가 점심때 바로 3단 레이즈를 하고 저녁에도 또 베팅을 했을 때 E가 지는 패를 들고서 끝까지 콜을 해준다면야 지금 말한 필자의 주장이 잘못된 것이다. 하지만 실제로 그러한 일이 벌어질 가능성은 많지 않다는 사실을 분명히 인식해야 한다. 그리고 만에 하나 B가 지는 경우에도 점심때 콜만 하고 저녁에 베팅을 하고 나가는 것이 조금이라도 피해를 줄이는 길임은 따로 설명할 필요가 없을 만큼 당연한 사실이다.

그러면 이제 문제는 한 가지뿐이다. 만약 B가 점심때 콜만 하고 스테이를 한 후, 저녁(마지막)에 먼저 베팅을 하고 나갔는데 E에게서 레이즈가 나온다면 이때는 어떻게 해야 할까?

이때는 미련을 버리고 바로 카드를 던져버리는 것만이 유일한 선택이다.

이와 같은 경우라면 E가 공갈을 시도할 가능성도 거의 없지만 설혹 공갈일지라도 죽을 수밖에 없다는 뜻이다. 지금과 같은 상황에서 공갈을 칠 수 있는 사람이 있다면 그 사람은 로우바둑이게임에서 대한민국 어디를 가든 1번 타자로 인정받을 만한 초일류 실력자로서 조금도 손색이 없기 때문이다. 부디 지금의 이야기를 잘 이해해 한 단계 높은 고수의 베팅 요령을 여러분의 것으로 만들어야 할 것이다.

이 부분에 대한 더욱 상세한 설명은 고급편 '7탑의 모든 것' 단락을 참고하기 바란다.

5. 하루에 두 번만 뜨면 대한민국 돈은 전부 내 것

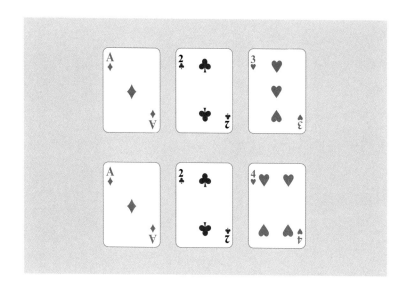

'우선 무늬를 맞추고, 그다음엔 숫자를……'

앞에서도 입이 아프도록 반복해왔듯이 로우바둑이게임을 즐기는 하수들의 가장 큰 특징 중 하나는, 추라이가 좋으면 스테이를 한 집이 있든 없든 끝까지 뜨려고 따라간다는 점이다. 그리고는 초보자들일수록 이구동성으로 이야기하는 것이 '이번엔 왠지 무조건 뜰 것 같다'라는 것이다. 거의 언제나 '이번엔 왠지……'를 주장한다.

하지만 A-2-3, A-2-4 추라이를 가지고 스테이집을 상대로 끝까지 뜨러가려는 생각을 버리지 않는 한, 영원히 로우바둑이게임에서 상대의 만만한 사냥감 신세가 될 수밖에 없다는 사실을 이제는 정말로 깨달아야 한다.

'스테이집을 상대로는 A-2-3을 가지고 마지막(저녁) 커트에 뜨려고

따라가지 마라.'

지금부터 이 말의 의미를 자세히 살펴보도록 하자. 이것은 단순히 마지막 커트에는 돈이 많이 드니까 뜨려고 시도하지 말라는 그런 차원의 의미가 아니다. 금액의 크고 작은 문제가 아니라는 것이다. 그렇다면 마지막 커트가 아니라 점심때라면 어떻게 해야 할까?

이때라면 A-2-3, A-2-4 등이 아니더라도 5추라이 정도만 돼도 특별한 경우가 아니라면 승부를 할 수 있고, 또 해야 한다. 물론, 이때 최우선적으로 고려돼야 할 부분은 상대와 여러분의 자금 상황이다. 즉, 만약 여러분이 부담을 안고 승부를 걸어서 원하는 패를 떴을 때 그에 상응하는 성과가 나올 수 있는가를 파악한 후 결정해야 한다는 뜻이다.

큰 부담을 지고 들어가서 어렵게 원하는 것을 떴는데도 얻을 수 있는 부가가치가 별로 없다면 이와 같은 경우는 승부를 할 필요가 없지 않겠는가?

♣ 점심과 저녁의 차이

점심때는 5추라이만 되어도 스테이집을 상대로 승부할 수 있고, 또 해야 한다고 하면서 왜 저녁(마지막)때는 A-2-3을 가지고도 절대 승부를 하지 말라는 것일까?

이것은 너무나도 간단하고 당연한 이야기다. 점심때와 저녁때의 가장 큰 차이는 바로 배당이라는 부분이다. 점심때는 아직 커트가 한 번 더 남아 있는 상황이기에 메이드집에서는 거의 베팅을 한다는 것이 정해져 있다. 따라서 이때는 여러분이 원하는 것을 뜬다면 무조건 레이즈 찬스를 가지게 된다.

즉, 점심때는 뜨기만 하면 이미 판에 쌓인 돈 외에, 스테이집에서 베팅을 하는 금액(이미 쌓여 있는 돈의 1/2, 1 : 1의 승부일 경우 이 금액은 여러분이 콜을 했던 금액의 두 배가 된다)이 기본적으로 보장되어 있다는 의미다.

당연하지 않은가. 탑을 커트한 집에서 삥을 달고 나왔는데 스테이집에서 그냥 콜만 하고 '한 번 더 띄워보슈'라는 식으로 플레이를 한다는 것은 쉽지 않은 일이기 때문이다. 이처럼 점심때에는 어느 정도의 배당이 기본적으로 보장되어 있다는 점이 가장 큰 이유다.

다시 말해 점심때가 저녁때보다 투자액 대비 부가가치가 훨씬 좋다는 말이다. 그렇기 때문에 점심때는 여러분이 떴을 때 충분한 소득을 올릴 수 있는 금액을 서로가 소지하고 있다면 금액의 크기에 상관없이 얼마든지 콜을 하고 승부할 수 있다.

하지만 저녁때는 달라진다. 저녁(마지막)커트에 그림 같은 카드를 떠서 회심의 미소를 지으며 삥을 달고 레이즈를 하려 잔뜩 벼르고 있는데 스테이집에서 '삥굿'을 외쳐 너무도 허탈했던 경험을 여러분 역시도 많이 해보았을 것이다.

이처럼 저녁커트 후에는 스테이집 입장에서 굳이 무리해서 꼭 베팅을 해야 할 상황이 아니기 때문에 점심때처럼 베팅이 반드시 보장되어 있지 않다.

이러한 이유 때문에 저녁(마지막)커트에서 A-2-3을 가지고 스테이집을 상대로 뜨러 가는 것은 가능성과 부담에 비해 부가가치가 많이 떨어진다. 그렇기에 A-2-3으로 저녁때는 스테이집과 승부하지 말라는 것이다. 그런데 로우바둑이게임의 초보자들에게 지금의 이야기는 말 그대로 쇠귀에 경 읽기일 뿐이다. 그들은 A-2-3, A-2-4 등의 추라이를 가지고 있으면 거의 죽으려 하지 않는다.

♣ 메이드의 진정한 가치

상대가 스테이를 하고 있더라도 그 상대가 5탑인지, 6탑인지 아니면 10탑인지 J탑인지도 모르는데 A-2-3이 무슨 그리 큰 의미가 있겠는가? A-2-3의 진정한 가치는 상대가 5탑이나 6탑, 7탑 등 아주 좋은 메이드를 가지고 있을 때 빛이 난다.

상대가 10탑이라면 A-2-3이나 3-4-6이나 거의 차이가 없다는 의미다. 그런데도 왜 하수들은 그렇게 포기하지 않는 것일까? 좀 전에도 언급했듯이 하수들은 항상 '왠지 뜰 것 같다'라는 참으로 황당하고 안이한 생각으로 자신의 행동을 합리화하며 똑같은 실수를 반복하고 있으니 안타까운 일이다.

　로우바둑이게임을 오래 즐기면 즐길수록 A-2-3, A-2-4에서 메이드를 만드는 것이 얼마나 어려운지를 절감하게 된다. 더욱이 정말 중요한 찬스에서 좋은 패를 뜨는 것은 하늘이 주는 행운과도 같다는 사실을 잘 알게 된다. 그래서 로우바둑이게임의 고수들은 '밤새도록 게임을 한다고 가정했을 때, 필요할 때 두 번만 떠준다면 이날은 게임이 잘 풀리는 날'이라고 이야기한다. 필자가 잘 아는 로우바둑이게임의 초일류인 M은 '하룻밤에 두 번만 떠주면 대한민국 돈은 전부 내 것'이라고 할 정도다.

　고수들의 하루 게임을 보통 여덟 시간 정도라고 보았을 때, 하루에 두 번이라면 네 시간에 한 번이다. 중요한 찬스에서 원하는 패를 한 번 뜨는 것이 얼마나 어려운지를 잘 알 수 있는 대목이다.

　물론, 그렇다고 해서 A-2-3, A-2-4 등 좋은 추라이에서 밤새도록 두 번밖에 메이드가 안 된다는 뜻은 결코 아니다. 메이드가 되는 것으로만 생각한다면 그것보다는 훨씬 더 횟수가 많은 것이 분명하다. 그렇지만 여기서 말하는 메이드란 진정한 가치가 있는 메이드를 의미한다. A-2-4를 가지고 추라이로도 이길 수 있는 판에서 5탑이나 6탑을 뜬다든지, 상대는 Q탑인데 퍼펙트나 5탑을 뜬다든지 하는 것은 큰 의미가 없다는 이야기다.

　진정한 가치가 있는 메이드는 큰 승부가 걸렸고 상대는 6탑, 깨끗한 7탑 등의 좋은 카드를 가지고 있을 때, 5탑이나 6탑을 뜨는 것을 말한다. 이러한 메이드가 큰 소득을 올릴 수 있는 진정한 의미의 메이드라는 뜻이다.

　또한, 패턴스테이집이 한두 집 있어서 아침커트 전부터 판이 아주 거칠게 돌아갈 때 2-5-7 같은 추라이에서 A-3-4 등을 떠서 큰 승리를 거둔다면, 이러한 것이 진정한 가치가 있는 메이드다. 이렇게 봤을 때 하루에 두 번만 뜰 수 있다면 그날은 게임이 잘 풀리는 날이라는 말의 의미를 좀 더 정확하게 이해할 수 있으리라.

고수들은 이렇게 어렵게 생각하고 있는 메이드를 하수들은 마치 들어가기만 하면 뜰 것 같다고 하는 황당한 착각에 빠져 있다. 심한 경우에는 상대가 스테이를 하고 있을 때 A-2-3, A-2-4 등의 좋은 추라이를 가지고 죽으면 마치 큰 잘못이라도 저지르는 것처럼 생각하고 있다. 그래서 하수들은 영원히 고수들의 밥에서부터 벗어날 수가 없는 것이다.

모쪼록 진정한 가치가 있는 메이드를 만들기가 얼마나 어려운지를 명심하고 그랬을 때 그 어려운 메이드를 떴는데도 확실한 배당이 보장돼 있지 않은 승부(A-2-3 추라이로 저녁때 스테이집과 하는 승부)는 이제부터 여러분의 머릿속에서 영원히 지워버리기 바란다.

6. 상대의 스타일과 실력을 파악하는 방법

필자가 '대한민국 어디를 가든 자신 있어!'라며 큰소리를 치던 시기였으니, 꽤 오래전의 일이다. 서울 서초동에 있는 한 하우스에서 벌어진 로우바둑이게임이었다.

처음 여섯 명이 게임을 했는데 도중에 한 명이 올인되고, 다섯 명이 게임을 하다가 조금 지나 새로운 멤버(M)가 한 명 들어와 다시 여섯 명의 게임이 되었다.

그때까지 같이 게임을 하던 멤버들은 초일류는 아니었지만 나름대로의 실력을 가지고 있던 만만치 않은 사람들이었다. 그런데 새로 들어온 M이란 인물은 처음 들어오자마자 말도 안 되는 콜을 남발하고, 도저히 따라갈 수 없는 패로 따라가는 등 엉성한 플레이를 하는 것이 아주 녹록해 보였다. 필자는 속으로,

　'이건 먼저 줍는 사람이 임자구나.'

라고 생각하며 회심의 미소를 지었다. 필자뿐만이 아니라 그 테이블에 앉아 있던 모든 사람이 비슷한 기분을 느꼈음에 틀림없다. 그랬으니 M이 들어오기만 하면 판은 심하게 꿀렁거리며 서로가 M을 잡으려고 노리는 상황이었다. 그러기를 30~40분이나 지났을까?

　M이 뭔가를 깨달았는지 아니면 자금이 부족한지 차츰차츰 말도 안 되는 플레이가 줄어들기 시작했다. 그러자 필자를 포함한 모든 멤버들은,

　'햐, 빨리 먹었어야 했는데……, 벌써 배가 떠난 거 아냐?'

라며 아쉬움을 느꼈지만, 그 이후로도 M의 엉성한 플레이는 간간이 이어지며 모든 사람을 즐겁게 해주었다. 그러나 조금 더 시간이 지나면서 M의 말도 안 되는 플레이가 거의 없어졌다. 그리고는 M도 완전히 정신을 차린 듯 점차 정상적인 게임 분위기가 되어가고 있었는데…….

　그래도 필자와 다른 사람들의 뇌리에는 '얼마 안가 M이 또 말도 안 되는 플레이를 해서 즐겁게 해줄 것'이라 굳게 믿고 그 찬스를 호시탐탐 노리고 있었다. 그랬으니 M이 들어올 때마다 얕보고 이쪽저쪽에서 약간은 무리를 동반한 플레이가 나오곤 했다.

　그러면서 시간이 계속 지나가고 있었는데, 어느 사이엔가 M 앞으로

조금씩 돈이 쌓여가는 것이었다. 필자는,

'자식, 플레이를 엉망으로 하는데도 워낙 패가 붙으니 돈이 들어가네. 조금만 기다려라.'

라고 생각하며 M을 계속 만만하게 보고 있었다. 그러나 계속 시간이 지나도 처음에 보이던 M의 엉성한 플레이는 거의 나오지 않았고, 돈은 조금씩 M 앞으로 더 쌓여갔다. 그리고 나서 필자를 포함한 모든 사람이 어? 어? 하며 고개를 갸웃거리는 사이 M은 어느새 여섯 명 중 가장 좋은 성적을 기록하고 있었다. M이 들어오고 나서 네다섯 시간 정도가 지난 시점이었다. 순간 필자는,

'이게 뭐야? 저놈 정체가 뭐야?'

라며 M을 다시 주의 깊게 관찰하기 시작했는데, M은 보통 실력자가 아니었다. 처음의 인상을 지워버린 후 다시 자세히 살펴보자, 보면 볼수록 M은 엉성한 플레이를 하는 듯하면서도 상당히 힘이 있고 정확한 플레이를 하는 것이었다. 그제야 필자는,

'내가 걸려들었구나, 보통 마귀가 아니구나.'

라고 느꼈지만 이미 늦은 일이었다.

게임 초반에 보았던 M의 엉성한 플레이 몇 번 때문에 다섯 시간이 넘도록 M의 정체와 실력을 전혀 눈치 채지 못했던 것이다. 필자와 동갑이라 나중에 친구 사이가 된 M은 그 당시 이미 로우바둑이게임에서는 전국구 수준으로 통하던 초일류 실력자였다.

♣ 대한민국 최고의 고수는 자신보다 약한 상대와 게임을 하는 사람

이처럼 로우바둑이게임의 일류 고수들은 자신의 정체를 드러내지 않으

려 하는 것이 보통이다. 물론 시간이 지나며 성적과 함께 실력이 드러날 수밖에 없겠지만, 어찌 됐든 조금이라도 더 자신을 감추려 하는 것만은 일류 고수들의 공통된 생각이다.

필자는 여러 차례에 걸쳐 '대한민국에서 포커를 제일 잘하는 사람은 자신보다 약한 상대와 게임을 하는 사람'이라고 이야기해왔다. 아무리 일류 고수라도 더 출중한 고수를 만나면 어려워질 수밖에 없기 때문이다. 그러나 상대가 자신보다 고수인지 하수인지를 정확하게 체크하는 것이 쉬운 일은 아니다. 청진기를 가슴에 대본다고 해서 이 사람은 몇 급, 이 사람은 몇 단 이런 식으로 진단이 나오는 것이 아니기 때문이다. 그 방법만 알 수 있다면 앞으로 로우바둑이게임에서의 앞길이 좀더 평탄할 수 있을 텐데……

'게임을 시작한 지 한 시간이 지나도록 밥이라고 생각되는 상대를 찾지 못한다면, 그것은 바로 당신이 밥이라는 이야기다.'

포커세계에서 오래전부터 내려오고 있는 이 말은 참으로 모두가 가슴속에 깊이 새겨둬야 할 명언이다. 그렇다면 분명 상대의 실력을 진단하는 방법이 있다는 것인데, 과연 그 방법은 어떤 것일까? 그럼 게임 중에 플레이 스타일이나 행동 등으로 고수와 하수를 구별하는 방법을 알아보도록 하자.

게임 중에 나타나는 고수들의 특징

- 아침커트를 하기 전의 베팅이 아주 씩씩하다.
- (저녁에는) 탑으로 스테이집을 상대로 뜨려고 따라가지 않는다.
- (아침, 점심커트 후에) 미리 베팅을 했더라도 레이즈를 맞으면 바로 죽

는 경우가 많다.

- 패턴스테이를 자주 하지 않는다.
- 스테이집이 마지막에 베팅을 했을 때 간혹 추라이로 콜을 하고 확인을 한다.
- 심심찮게 공갈 스테이가 나온다.
- 아침커트에서는 3컷이든, 4컷이든 웬만해선 죽지 않는다.
- 강한 모습을 보이다가 상대가 더 세게 나오면 바로 꼬리를 내린다.
- 끝까지 가서 패를 오픈하면 승률이 상당히 좋다.

게임 중에 나타나는 하수들의 특징

- 추라이가 좋으면 (저녁까지)스테이집에 끝까지 뜨려고 따라간다.
- 게임 중에 레이즈가 거의 없이 주로 콜을 하고 따라다닌다.
- 아침커트에 3컷, 4컷으로는 잘 들어오지 않는다.
- 스테이집이 마지막에 베팅하면 추라이로 콜을 하는 일이 거의 없다.
- 레이즈가 나오면 거의 90% 이상 스테이다.
- 공갈이 거의 없다.
- 패턴스테이를 자주 한다.
- (아침, 점심커트 후에)미리 베팅을 하고 나가면 레이즈를 맞더라도 죽는 일이 거의 없다.
- 웬만한 메이드가 되면 잘 죽지 않는다.
- 지는 패로 끝까지 가서 패를 오픈하는 일이 많다.

이처럼 게임 중에 나타나는 고수와 하수들의 특징은 이미 여러 차례에 걸쳐 계속 강조해왔던 사항들이다. 그랬을 때 고수와 하수의 플레이는 어찌 보면 거의 정반대에 가깝다. 그리고 이러한 점들은 게임 중에 상대의 플레이 특성을 유심히 관찰해보면 그다지 어렵지 않게 감지할 수 있는 부분이다.

이런 여러 가지 특징과 게임 운영 그리고 그들의 힘이나 임기응변 등을 종합해 판단해보면 어느 정도 정확한 진단이 나온다. 그리하여 상대가 어느 정도 실력을 갖춘 실력자라든가 아니면 아주 초보자라든가, 라는 식의 결론이 나오면 그때는 그 상대가 여러분보다 고수인지 아닌지를 판단해야 한다.

물론, 앞의 일화에서 이야기했듯이 초일류 실력자가 실력을 드러내지 않는 경우도 있긴 하지만, 그것은 드문 케이스라고 생각해도 무방하다. 또한, 아무리 실력을 감추어도 오래 가지 않아 드러날 수밖에 없다. 거의 모든 사람이 한 시간, 길게는 두세 시간 정도가 지나면 나름대로의 특성과 수준이 어느 정도 드러나게 된다는 것이다.

이처럼 같이 게임을 하는 사람들의 실력을 체크해 감지하는 것은 로우바둑이게임을 즐기는 모든 사람의 기본 의무사항이다. 상대의 실력이 어떤지 조차 모르고 게임을 한다는 것은 이미 지고 있는 것이나 마찬가지기 때문이다.

♣ 상대의 실력이 감지되지 않는다면 여러분보다 고수

그런데 아주 재미있는 사실은 상대의 실력을 감지하는 데 그 수준을 알 수 있는 범위가 자신의 수준까지라는 점이다. 다시 말해 자신보다 수준이 높은 고수의 실력은 정확히 감지할 수가 없다는 의미다. 즉, 자신보다 고수라는 것으로 그 이상은 전부 하나가 돼버린다는 뜻이기도 하다.

예를 들어, 바둑 7급이나 5급을 두는 사람은 상대가 1급이든, 프로 3단이든, 프로 9단이든 그 차이를 정확히 감지할 능력이 없고, 단지 '나보다 고수 그리고 무지하게 세다'라는 것으로 통일된다는 이야기다. 그렇기에 만약 여러분이 어느 포커 테이블에 앉았는데 상대들의 실력이 감지가 전혀 안 된다면 그들이 아주 하수라서 여러분의 밥이 아닌 한, 모두 여러분보다 고수라고 받아들여야 한다.

바꿔 말하면 여러분보다 하수들은 여러분이 보기에도 '무슨 저런 말도 안 되는 플레이를 해. 이건 물 반 고기 반이네'라는 감정을 느낄 수 있지만, 그런 종류의 느낌 없이 실력이 감지가 안 된다면 그것은 90% 이상 여러분보다 고수라고 받아들여야 한다는 뜻이다. 그래서 포커 테이블에서는 '내가 상대를 밥으로 보지 못하는 순간, 상대가 나를 밥으로 본다'라고 하는 것이다.

'만만한 사람이 한 명도 없네.'

'한 명 빼놓고는 다 마귀네.'

'이건 완전히 꽃밭이군, 먼저 줍는 사람이 임자네.'

이처럼 상대에 대한 나름대로의 진단이 내려지면 그 판에서 계속 게임을 해야 할지 말아야 할지 선택은 바로 결정된다. 그래서 게임이 시작되고 한두 시간 정도가 지나도록 만만해 보이는 상대를 찾지 못한다면, 그것은 바로 그 테이블에서의 가장 만만한 상대가 바로 여러분이라는 사실을 명심해야 한다. 즉, 여러분이 그 테이블의 밥이 된다는 이야기다.

그렇다면 이런 상황에서의 선택은 두말할 필요가 없다. 일분일초라도 빨리 일어서는 것만이 유일한 살길이다. 그리고는 여러분이 만만하게 생각할 수 있는 상대가 있는 판을 찾아 다시 배낭을 꾸려야 한다. 이것은 어찌 보면 치사하고 비겁하게 느껴질지 모르겠으나, 천부당만부당한 생각이다.

여러분이 당구에서 100점의 실력이라면 500점의 실력을 가진 사람과 동등한 조건에서 같이 게임을 하겠는가? 여러분이 7급의 바둑 실력인데 1급과 같은 조건에서 내기 바둑을 두겠는가를 생각해보면 정답이 나온

다. 필자의 바둑 실력은 인터넷 바둑에서 5단과 6단을 오르락내리락하고 있으니 2~3급 정도라고 생각한다. 이 정도면 아마추어 수준에선 어디를 가든 상당한 실력으로 인정받는다.

그런데 몇 년 전 필자가 바둑 TV에서 〈세계포커대회〉를 해설한 적이 있었다. 바둑 TV다 보니 프로기사들이 즐비함은 물론, 바둑 TV 직원들이나 관계자 등 만나는 사람마다 거의 모두가 필자보다 훨씬 더 고수들이었다. 그래서 나중에는 바둑 TV 내에서 누가 '바둑 둘 줄 아냐?' 하고 물어보면 '그저 둘 줄만 안다'라고 대답했던 기억이 난다. 바둑 TV 내에서 필자의 바둑 실력은 거의 초보자급에 가까웠던 것이다.

이처럼 상대와 장소에 따라 자신의 실력과 위치는 변할 수밖에 없다.

만약 당구나 바둑에서 많은 실력 차이가 나는데도 동등한 조건에서 게임을 하자고 하면 누구라도 '내가 약 먹었냐?'라며 거절할 것이 분명하다. 실력차이를 하수쪽에서 인정하기 때문이다. 그리고 이러한 실력차이는 어떤 종류의 포커게임에서도 절대 예외가 아니다. 실력 차이가 많이 나는 하수는 고수에게 이길 수가 없다는 뜻이다. 그래서 포커에서는 실력 차이가 너무 많이 나는 사람들 간의 게임을 '치수구라'라고 표현해 사기도박이라고까지 할 정도며, 실제로 치수구라로 인한 사고가 심심찮게 일어나고 있다.

♣ 고수들에게 포커게임은 하늘이 준 선물

바둑과 당구로 예를 들었듯이, 다른 종목에서는 모두가 고수의 실력을 인정하고 두려워하면서도 유독 포커게임에서만은 고수의 실력을 인정하지도 두려워하지도 않으니 그 이유가 무엇 때문일까? 아마도 포커

게임에서는 어떤 특정인의 실력을 나타내는 기준이 없기 때문이리라. 그렇기에,

'실력 차이가 어디 있어. 어차피 거기서 거기지, 패 떠먹기야.'

라는 식으로 큰 의미를 두려고 하지 않으니, 포커게임이야말로 고수들의 입장에서는 하늘이 준 선물이다.

아마추어 바둑의 정상 수준에 있는 사람이라면 상당한 일류 고수임에 틀림없다. 하지만 이 사람이 이창호, 이세돌 같은 정상급 프로기사들과 승부를 한다면 이길 수 있겠는가?

그러한 세계 초일류들과의 승부라면 지는 것은 너무도 당연한 일일뿐, 그저 1년에 단 한 판이라도 둘 기회가 있다면 그 자체를 가문의 영광으로 생각하면 된다.

부디 여러분들도 고수와 하수의 특징을 잘 이해하고 파악해 함께 같은 테이블에서 승부를 벌이는 사람들이 여러분보다 고수인지 하수인지를 정확히 판단하고 나서, 게임에 임하든지 그만두든지 결정해야 한다는 사실을 명심하기 바란다.

7. 가장 큰 적은 바로 자기 자신

레이즈를 거의 하지 않고 콜만 하고 따라다닌다. 추라이가 좋으면 스테이집이 있어도 끝까지 뜨려고 따라간다. 웬만한 메이드를 잡으면 끝까지 죽지 않는다. J탑이든 Q탑이든 메이드만 되면 무조건 패턴스테이를 한다. 공갈에 당하는 것을 참지 못한다. 잘하다가 사소한 일로 갑자

기 감정 컨트롤을 못하고 무너진다.

로우바둑이게임에서 항상 올인을 당하고 참담한 심정으로 자리에서 일어서는 하수들의 여러 가지 공통점이다. 그런데 재미있는 현상은 로우바둑이게임을 어느 정도 이상 해본 중급자들 이상(간혹은 일류 고수들)의 실력자들에게서도 이것과 비슷한 현상이 자주 나타난다는 사실이다. 필자가 잘 아는 유명 운동선수 출신인 P는 아마추어로서는 꽤 괜찮은 로우바둑이게임 실력자다. 그래서 평소 승률도 그리 나쁘지 않은 편이다.

P의 일화 한 가지.

이날의 게임은 하우스가 아닌 평범한 사무실에서 지인들이 모여 벌인 판이었다. 그렇지만 판의 규모와 선수들의 실력은 아마추어로서는 녹록치 않은 그런 분위기였고, P는 여섯 명 중 중간 정도의 실력이었다.

게임이 시작되고 P는 초반 30분가량 약간 고전하다가, 30분이 지나며 패가 붙기 시작, 반환점(네 시간)을 돌 시점에서 꽤 많은 금액을 따고 있었다. 예상보다 선전하고 있는 P를 보며 필자는 속으로 '오늘은 게임도 잘 풀리고, 플레이도 괜찮네'라고 생각하며 P의 낙승을 예상하고 있었다. 그런데 필자가 이런 생각을 하고 있는 바로 그 순간이었다.

당시 모 건설회사의 전무였던 S와 승부가 걸렸다. 마지막 커트에서 P는 스테이를 하고, S가 한 장을 바꾼 상황이었다.

여기서 P는 아주 좋은 패가 아닌지 삥을 달았는데, 한 장을 바꾼 S가 하프를 외치며 빡빡하게 베팅을 하고 나왔다. 미리 스테이를 하고 있던 P는 죽기가 아까웠는지 잠깐 고민하다가 결국 패를 꺾었다. 하룻밤에도 수없이 발생하는 그런 평범한 판이었다. 더구나 그리 큰판도 아니었기에 크게 아쉬울 것도 없었다.

그 판이 끝나고 서너 판이나 지났을까. 또다시 P와 S가 맞붙었다. 그런데 이번에는 S가 스테이를 하고 있었고, P가 마지막에 한 장을 바꾼, 조금 전과는 반대의 상황이었다. 이런 상황에서 S가 삥을 달았는데 이번에는 한 장을 바꾼 P가 베팅을 한 것이다. 그러자 S는 잠시 고민을 하다가 콜을 했는데 S는 J탑이었고 P는 공갈이었다. 즉, S의 승리였다.

그러나 이 판 역시 그리 큰판은 아니었기에 대세에 전혀 영향을 줄 상황은 아니었다. 단지 똑같은 상대에게 두 번을 연속 졌는데 서로 비슷한 상황에서 한 번씩 반대 입장이 되어 벌인 승부에서 서로 반대의 선택을 한 상황인데, 두 번 모두 P가 진 것이기에 약간은 약이 오를 수도 있는 그런 정도의 상황이었다.

♣ 감정이 들어간 승부는 파멸의 지름길

그러고 나서 바로 다음 판이었다.

이번에도 P와 S가 승부를 벌였는데, 조금 전 두 번의 판과 다른 점은 P와 S 외에도 M이 한 명 더 포함돼 있다는 점과, 또 한 가지는 아침커트를 하기 전부터 판이 엄청나게 커지고 있었다는 점이다. 베팅 상황으로 보아 세 명 중 한두 명은 패턴스테이, 나머지 한두 명은 추라이가 좋은 탑(한 장)을 하는 상황이 분명했다.

아무튼 아침커트 전부터 엄청나게 판이 커지며 베팅이 끝난 후 아침커트로 들어갔는데 맨 앞의 S는 탑을 바꿨고, 두 번째 순서였던 M 역시 탑을 바꿨는데, 맨 뒤에 있던 P는 스테이를 했다.

탑을 바꾼 S는 삥을 달고 나왔고, M은 삥콜. 스테이를 하고 있던 P

는 당연히 베팅을 했다. 그런데 여기서 S가 기다리고 있었다는 듯 바로 레이즈를 하는 것이었다. M은 기권했고 P는 숨도 안 쉬고 콜. 그리고 나서 점심커트였다.

S-스테이, P-스테이였다.

S는 자신 있게 베팅을 하고 나왔고, P는 이번에도 조금의 망설임 없이 다이렉트콜.

순간 필자는 'P가 패턴스테이지만 저런 상황에서 늠름하게 콜을 하는 걸 보니 꽤 잘 맞아 있는 모양이구나. 최소한 깨끗한 8탑 정도는 될 것'이라고 P의 패를 예상했다. 실제로 필자가 이렇게 예상하는 것도 큰 무리가 아닌 것이, 이미 아침커트 전부터 판이 엄청나게 커져 있었기에 아침커트 후 S에게 레이즈를 맞는 순간, P의 입장에서는 끝까지 콜을 하면 지금까지 땄던 돈은 물론 자신의 돈까지도 거의 전부 들어가버릴 정도의 큰판이 되어 있었기 때문이다.

아무튼 필자의 예상은 예상이고, 점심베팅이 끝난 후 두 사람은 또 함께 스테이를 외쳤고 마지막 베팅이 남은 상황이었다. S는 이번에도 하프를 외치며 베팅을 하고 나왔고, P 역시 조금도 물러설 수 없다는 듯 바로 콜을 했다. 그러면서 이날 최고의 큰판이 만들어졌다.

모든 베팅이 끝난 후 패를 오픈했는데 S는 깨끗한 7탑(A-3-4-7)이었고, P는 10탑(2-4-8-10)이었다. 판은 당연히 S의 승리였고 필자는 순간 황당한 기분이 들었다.

'아니? 어떻게 저런 패를 가지고 하루 종일 잘 싸워서 이긴 돈은 물론, 자신의 돈까지 모두 처박아버리는 걸까?'

그 전에 연속해서 두 판을 S에게 당한 감정의 응어리가 남아 이처럼 과격한 대응이 나왔다는 것은 어느 정도 예상할 수 있는 일이다. 다시 말해 P는 S와의 이 승부에 처음부터 감정을 가지고 임했고, 그 과격한 감정의 정도가 너무 지나쳤던 것이다.

그런데 재미있는 사실은 실제로도 지금의 P와 같은 이런 현상은 생각보다 훨씬 더 자주 볼 수 있는 일이라는 점이다. 이런 현상은 하수들에게서 자주 나타나는 것이 분명하지만 중급자, 경우에 따라서는 고수에게서도 간간이 나타나는 일이므로 모두가 반드시 유념해야 한다. 이러한 현상은 실력 외적인, 감정의 컨트롤 문제다.

아마 그 전 두 번의 판에서 그런 상황이 벌어지지 않았더라면 P 역시 아침커트 전에 판을 그렇게 키우지 않았거나, 아니면 아침커트 후 S에게 레이즈를 맞았을 때

'그래, 부담이 너무 크다. 공갈이라도 니가 먹어라'

라는 식의 선택을 했을 가능성이 높다. 그러나 이때는 P의 감정이 약간 달아오른 상태였다. 속된 말로 S에게 약이 올라 있는 상태였기에 이런 황당한 결과가 나온 것이다. 사람이라면 누구나 감정을 가지고 있기에 상상할 수 있는 시나리오이리라.

♣ 자신과의 싸움에서 이길 수 없는 사람은 어떤 게임에서도 이길 수 없다

로우바둑이게임을 하다 보면 실제로 이러한 상황이 생각보다 자주 일어난다. 그렇다면 왜 이런 황당한 일이 그리 자주 발생하는 것일까? 여러 가지 이유가 있을 수 있겠지만 가장 중요한 포인트는 감정의 동요가 있는 상태이기에 순간적으로 자신의 감정을 컨트롤하지 못했다는 점이다. 그리고는 순간적인 선택이 아무것도 아닌 판을 엄청난 피해로 만들어버리게 된다. 그리고 이러한 현상을 더욱 부추기게 되는 것이 바로 패턴스테이라는 함정이다.

패턴스테이는 일단 아침커트 전에 판을 키울 수 있는 패인데, 안 그래도 감정이 격해 있다면 누구라도 쉽게 브레이크가 걸릴 상황이 아니기에 아침커트 전부터 판이 요동치며 커질 가능성이 많다.

여기에 또 한 가지 간과할 수 없는 중요한 포인트는 패턴스테이는 아침에 판이 커져 있으면 커져 있을수록 그에 비례해 게임 도중에 레이즈를 맞더라도 죽기가 싫어지는 마약과 같은 성분을 가지고 있다는 점이다. 즉, 판이 커져 있을수록,

'이게 판데기가 좋으니까 공갈로 밀어내려 하는구나.'

라는 생각을 강하게 가지게 된다는 뜻이다.

여기서 여러분이 생각해야 할 또 한 가지 중요한 사실이 있다.

앞에서와 같은 경우라면 패턴스테이집이 이미 어느 정도 이성을 잃고 미친 멧돼지처럼 씩씩거리고 있기에 레이즈를 해도 어차피 잘 죽지 않으

리라고 예상되므로, 상대의 입장에서는 공갈을 시도하기가 더 어렵다는 점이다.

그렇기에 이런 때는 공갈을 치지 말고 진카를 가지고 레이즈를 해야 한다는 것을 고수들은 모두 알고 있고, 실제로도 거의 진카를 가지고만 레이즈를 한다고 해도 무방하다. 물론, 대한민국을 휘어잡을 정도의 초일류 실력자나 대단한 강심장의 소유자라면 이러한 때에 공갈을 시도할 수도 있겠지만, 대부분의 사람은 공갈을 시도하지 못한다.

그런데도 어리석은 패턴스테이집들은 그러한 상황에서 레이즈를 맞았을 때 '때려죽여도 못 죽어!'만을 외치며 스스로 무덤을 파고 있으니 안타까울 뿐이다. 이미 상황을 냉정하게 판단할 이성을 잃은 채 자기 자신을 통제하지 못하는 상태에 순간적으로 빠져버린 것이다. 이것은 바로 자기 자신과의 싸움에서 진 것을 의미한다.

그래서 포커를(로우바둑이게임은 더욱 더) 대여섯 시간 잘해오다가 10분 만에 무너지는 게임이라거나 보름, 한 달을 잘하다가 한두 시간 만에 무너질 수 있는 게임이라고 표현한다.

이렇게 자신의 감정을 컨트롤하지 못해 순간적으로 무너지는 성향을 가지고 있는 사람이라면 로우바둑이뿐만이 아니라 어떠한 종류의 갬블도 가까이 해서는 절대 안 된다. 이러한 스타일의 사람들이라면 일시적인 승리는 얻을 수 있을지 몰라도 최후의 결과는 항상 올인일 수밖에 없기 때문이다.

조금 전에 P의 패턴스테이를 가지고 예를 들었듯이, 레이즈를 맞았을 때 그저 냉정하게 판단해 죽으면 아무것도 아닌 것을(아니 한발 더 양보해서 정히 그냥 죽기 억울하면 처음 레이즈를 맞았을 때는 콜을 하더라도, 그다음에 같이 스테이를 하고 계속 베팅을 해오면 이때 죽어도 괜찮다) 순간적인 감정으로 돌이킬 수 없는 화를 자초하는 그러한 우를 범해서는 절대로 안 된다. 그리고 이러한 현상은 감정이 달아올라 있을 때, 그리고 패턴스테이를 가지고 있을 때 특히 자주 발생한다는 점을 명심해야 한다.

8. 안되는 날 적게 잃는 사람이 진정한 실력자

'안되는 날 적게 잃는 사람이 진정한 실력자.'
이 말의 의미에 대해서는 이미 수차례 다뤄왔기에 여기서는,
'게임이 안되는 날은 천하 없는 고수라 할지라도 일분일초라도 빨리 일어서는 것만이 유일한 선택'이라는 말로서 대신하고 더 이상 언급하지 않겠다.

30년이 훨씬 넘는 오랜 세월 동안 오직 포커 한 가지 외길로만 달려왔던 필자에게 이 말은 가장 지키기 어려웠지만, 가장 힘이 되었고, 또 가장 좋아했던 말이다. 동시에 모든 독자 여러분께 가장 해주고 싶은 말이기도 하다.
마지막으로 이 말을 독자 여러분에게 전하며, 라스베이거스의 유명한 포커 명언과 함께 모든 이론 설명을 끝마치도록 하겠다. 여러분들의 건투를 빈다.

훌륭한 플레이어는 따고 일어설 줄 안다.
더 훌륭한 플레이어는 잃고 일어설 줄 안다.
'A good gambler knows how to quit winners.
A better gambler knows how to quit losers.'

진정한 승자는 패배와 협상할 줄 아는 사람.
'A winner is someone who knows how to deal with losing.'
- 『A Gambler's Little Instruction Book』 중에서

〈끝〉

텍사스홀덤(Texas Hold'em)

'WSOP(World Series Of Poker)'라는 세계적인 권위의 포커대회에는 사회 저명인사들이 대거 참가한다. 우승 상금은 1,000만 달러가 넘는 천문학적 금액이고, 참가 인원도 1만 명이 넘을 정도로 엄청난 규모다.

그래서 매년 WSOP가 열리는 6월은 라스베이거스 최고의 호황으로 거의 모든 호텔마다 세계 전역에서 모여든 사람들로 인산인해를 이루고 거리에는 활기가 넘친다. 이러한 현상으로 인해 1년 중 6월에는 라스베이거스에서 방을 구하기가 가장 어렵고, 모든 물가 역시 가장 비싸진다.

WSOP와 같은 세계적인 권위의 포커대회는 '텍사스홀덤(이후 홀덤으로 표현)'이라는, 우리나라 포커 마니아에게는 아직은 조금 생소한 종목이다. 그러나 홀덤게임은 우리나라를 제외한 전 세계 모든 국가에서 가장 성행하고 있는 포커게임이다.

홀덤게임은 각자 두 장씩의 카드를 가지고 바닥에 오픈되는 다섯 장의 카드('커뮤니티 카드'라고 표현하며 모든 플레이어들이 공유하는 카드)와 조합해 가장 높은 족보를 만드는 사람이 이기는 게임이다.

우리가 많이 즐기는 세븐오디게임과 같은 족보를 사용하므로 세븐오디게임을 알고 있는 사람이라면 금방 이해할 수 있다. 하지만 홀덤게임과 세븐오디게임의 운영에는 많은 차이가 있으므로 유념해야 한다.

텍사스 홀덤 진행 방법

① 각 플레이어들에게 두 장씩의 카드를 나눠준다.

② 첫 번째 베팅

③ 카드 세 장을 바닥에 오픈한다.

④ 두 번째 베팅

⑤ 네 번째 카드를 오픈한다.

⑥ 세 번째 베팅

⑦ 다섯 번째 카드(마지막 카드)를 오픈한다.

⑧ 네 번째 베팅

⑨ 승자 결정

* ①번에서 나눠주는 카드는 자신만이 알고 있는 카드며, 보통 '핸드 (Hand)', '핸드카드', '홀드(Hold)카드', '포켓(Pocket)카드' 등으로 표현한 다.

* ③번에서 오픈된 세 장의 카드를 '플럽(Flop)', 또는 '플럽카드'라고 부른 다.

* ⑤번에서 오픈된 카드를 '턴(Turn)', 또는 '턴카드'라고 부른다.

* ⑦번에서 오픈된 카드를 '리버(River)', 또는 '리버카드'라고 부른다.

* ③, ⑤, ⑦번에서 테이블에 패를 오픈하기 전에 가장 위에 있는 한 장씩

을 버린다. 이 카드를 '번카드(Burn Card)'라고 부른다.

- ②번에서 베팅을 시작할 때는 의무 베팅인 블라인드(딜러의 좌측 두 명) 베팅의 다음 사람(딜러의 좌측 세 번째)부터 시계방향으로 진행된다.
- ④, ⑥, ⑧번에서 베팅을 시작할 때는 딜러의 좌측에 있는 사람부터 시계 방향으로 돌아가며 진행된다.

이것이 홀덤의 진행 방법이며 플레이어들은 위에서 말한 ②, ④, ⑥, ⑧번의 베팅 타임 때 언제든지 본인 의사에 따라 드롭하거나 베팅을 하면 되고, 인원은 최대 열 명까지 할 수 있는 것이 보통이다.

홀덤 게임에서 알아둬야 할 중요한 룰은 다음과 같다.

첫째, 다섯 장으로 만들어진 족보가 같을 경우 무승부가 된다. 무늬를 비교하거나, 또는 남은 카드를 비교해 승부를 가리지 않는다는 의미다.

둘째, 체크-레이즈와 콜-레이즈가 인정된다.

셋째, 우리나라 룰과 가장 다른 점이 바로 블라인드베팅 제도다. 미국에서의 블라인드베팅 룰은 우리나라의 블라인드 룰과는 완전히 다르다.

넷째, 최종 베팅(네 번째 베팅)까지 참여했을 때는 패배한 사람도 반드시 자신의 패를 오픈해야 한다.

미국의 블라인드 베팅 룰

홀덤게임에서는 각 플레이어가 시계방향으로 돌아가며 한 번씩 딜러가 된다.

이때 딜러가 된 사람의 좌측 플레이어는 스몰블라인드(Small Blind)라 하여 정해진 금액을 의무적으로 베팅한다. 그리고 바로 그다음 사람은 빅블라인드(Big Blind)라 하여 스몰블라인드가 베팅한 금액의 두 배를 의무적으로 베팅해야 한다. 여기까지가 판의 활성화를 위한 의무베팅에 해당하며, 이후부터는 플레이어 자신의 선택에 맡긴다. 이러한 베팅 룰을 블라인드베팅이라고 표현한다(라스베이거스 카지노에서 벌어지는 일반적인 홀덤게임은 게임을 시작할 때 모든 플레이어가 내는 기본 엔티가 없다). 그리고 스몰블라인드와 빅블라인드는 의무베팅 이후에는 언제든 드롭할 수 있다. 또한 블라인드베팅에 해당하는 금액은 판이 시작하기 전에 미리 테이블 가운데에 넣어둔다.

블라인드베팅 금액은 특별히 정해진 룰은 없지만 라스베이거스에서는 보통 10~20달러, 리미트 게임의 경우 작은 리미트(10달러)의 절반 즉, 5달러거나 그 이하가 스몰블라인드 금액으로 정해지는 것이 보통이다. 또한 노 리미트 게임의 경우에는 2~5(스몰 : 2달러, 빅 : 5달러), 5~10(스몰 : 5달러, 빅 : 10달러), 10~20 등의 블라인드 금액이 많이 사용된다.

블라인드베팅 이후에는 규정돼 있는 리미트베팅이나 노 리미트베팅 룰로 이어서 진행된다. 예전에는 라스베이거스 벨라지오나 L.A. 커머스 같은 카지노에서의 게임은 리미트베팅 룰이 많이 사용됐으나, 최근 들어서는 노 리미트베팅 룰이 점점 더 많은 자리를 차지해가고 있다.

책을 끝내면서

       머리 아프고 복잡한 이론을 끝까지 읽느라 고생하신 여러분에게 진심으로 감사드리며 수고하셨다는 말을 전한다. 지금까지 독자 여러분께서 하나라도 더 많은 이론을 조금이라도 이해하기 쉽도록 설명하기 위해 최선을 다해 노력했다. 하지만 그래도 독자 여러분이 부족함을 느꼈던 부분이 있다면, 그 부분에 대해서는 온오프라인을 통해 궁금증을 풀어드릴 것을 약속한다. 그리고 모든 이론에 대한 설명을 마친 지금, 여러분에게 꼭 드리고 싶은 몇 가지 이야기가 있다.

  첫 번째는 포커게임의 고수가 되기 위해 반드시 가지고 있어야 할 필수사항, 즉 인내에 대한 이야기다. 『포커 알면 이길 수 있다』에서도 언급한 적 있듯이 필자는 포커게임에서 고수가 되기 위한 가장 중요한 제1번 요소는 인내라고 말하고 싶다.

- 다음 패를 보고 싶은 마음을 참는 인내
- 자신의 때가 아니라고 생각하며 기다릴 수 있는 인내

- 게임이 안 풀려서 돈을 잃었을 때 참고 일어설 수 있는 인내
- 상대의 패를 눈으로 확인하고 싶은 마음을 참는 인내
- 가지고 있는 돈을 모두 잃었을 때 돈을 빌려서라도 더 하고 싶은 마음을 참는 인내
- 공갈에 당했을 때 억울함을 달랠 수 있는 인내
- 아무리 좋은 패를 가지고 있어도 졌다고 느껴질 때 승부를 포기할 줄 아는 인내
- 상대의 구짜나 신경전에 흔들리지 않을 수 있는 인내

포커게임에 필요한 인내의 종류는 참으로 다양하다. 그리고 그 한 가지 한 가지가 모두 너무도 중요한 의미를 가지고 있으며, 또한 필자가 지금껏 이 책에서 다뤄왔던 이론 중 많은 부분이 바로 인내와 아주 밀접한 관계가 있다. 그렇기에 독자 여러분은 포커게임에서 인내를 배워야 하며 그것이 바로 남들보다 앞서 갈 수 있는 절대적인 요소임을 명심해야 한다. 그래서 필자는 포커를 '인내의 게임'이라고 단언한다.

두 번째는 지금까지 70여 가지에 걸쳐 많은 이론을 설명해왔지만 이 책에 있는 어떠한 이론보다도 더 우선하는 것이 있다는 사실이다. 그것은 바로 여러분이,

'왠지 지금은 죽어도 이렇게 해보고 싶다.'

라는 기분을 느꼈을 때다. 다시 말해 이 책에서 가르쳐준 이론에 위배되더라도 여러분이, '왠지 지금은 죽어도'라는 기분을 강하게 느꼈을 때는 여러분의 기분을 우선적으로 따르라는 것이다. 이때라면,

'이런 상황에서는 죽으라고 했는데⋯⋯.'

'여기서는 무조건 한 장을 바꾸라고 했는데……'

라는 식의 책에서 나오는 이론을 무시하고 여러분이 해보고 싶은 대로 하라는 뜻이다. 즉, 이 책에 있는 아무리 중요한 이론도 여러분이 '왠지 지금은 죽어도'라는 기분을 강하게 느꼈을 때라면 그 느낌보다 우선할 수 없고, 우선해서도 안 된다는 의미다. 그리고 나서의 결과는 담담하게 받아들이면 된다.

만약 여러분이 이 책에 있는 이론을 따르느라 '왠지 지금은 죽어도'라는 그 강한 느낌마저 포기했을 때, 그러한 선택의 결과가 그 판에서 금전적으로는 득이 될지 실이 될지 아무도 모른다. 하지만 정신적으로는 여러분에게 큰 아쉬움을 남기게 될 우려가 있기 때문이다. 특히 이 책에 있는 내용에 충실해 선택을 했는데, 그 결과가 안 좋게 나왔다면 여러분의 아쉬움은 생각보다 훨씬 심각해질 수도 있다는 것이다.

'아, 역시 내 생각대로 해볼 걸.'

'으, 역시 안 죽고 따라갔어야 했네.'

'아, 잘못 바꿨어. 두 장을 바꿨으면 어떻게 됐을지 모르는데.'

라는 식의 아쉬움을 느끼는 것보다는, 본인의 느낌이 왔을 때는 설령 지금 이 책에서 말했던 것과 다르더라도 본인의 느낌대로 해야 한다. 결과를 후회하며 아쉬움을 느낄 바에는 다소 피해를 보는 한이 있더라도 여러분의 느낌대로 하는 것이 더 큰 의미가 있다는 것이다. 한두 판의 결과보다 여러분의 정신건강이 훨씬 더 중요하기 때문이다. 단, 이러한 느낌이 너무 잦아서는 절대 안 된다.

세 번째는 이 책을 읽고 이해하는 것이 실전게임에서 여러분의 승률을 올려주는 것은 틀림없지만, 그것이 로우바둑이게임에서의 완벽한 승리를 의미하는 것은 결코 아니라는 사실이다. 달리 표현하면 로우바둑이게임이 한두 권의 책을 읽고 바로 정상급의 고수가 될 수 있을 만큼 그렇게 쉬운 게임이 아니라는 뜻이다.

그렇기에 정상급 고수가 되기 위해서는 이 책의 이론을 모두 숙지해야 함은 물론, 상황의 변화에 따른 적절한 변신, 임기응변, 끝없는 인내, 두둑한 배짱, 정확한 판단, 동물적인 승부 감각 등등 이후로도 갖춰야 할 요건들이 너무나 많다. 하지만 그러한 사항들은 책에서 가르쳐주기 힘든 부분이기에 여러분 스스로가 경험하며 터득할 수밖에 없는 어려운 숙제다. 따라서 독자 여러분은 정상급 고수가 되겠다는 욕심을 가지지 말고, 그저 어떤 장소에 가서라도 '내 몸은 스스로 지킬 수 있다'라는 정도로만 생각하시기를 진심으로 당부한다.

어떤 경우에라도 자신의 본분을 망각하고 도를 넘어설 정도로 포커게임에 빠져서는 절대 안 된다. 하지만 자신의 본분을 잊지 않고 여가 선용이나 스트레스 해소 또는 친선도모의 의미로서 즐긴다면 포커게임은 다른 어떤 게임에도 뒤떨어지지 않을 만큼 많은 장점과 매력을 가지고 있다고 필자는 확신한다.

모쪼록 이 책을 읽는 독자 여러분은 모두가 두뇌스포츠로서 포커게임을 즐길 수 있는 현명하고 멋진 갬블러가 될 수 있기를 기원한다.

로우바둑이게임 용어

ㄱ

강패 강한 패. 아주 좋은 패를 의미.

게슈타포 공갈 체포를 잘하는 사람을 의미.

골프(golf) 바이시클, 휠, 퍼펙트 등으로도 표현.

공갈 지는 패로 상대를 드롭시키고 이기려고 하는 것. 블러핑, 빵끼, 구라 등으로도 표현.

구라 ㉠ 사기도박. ㉡ 공갈.

구찌 말로서 상대의 신경을 건드리는 행동이나, 그 말을 의미.

그림 상자곽, 영어, 왕, 박스.

깜깜이 게임이 끝날 때까지 상대의 패를 한 장도 보지 않고 하는 포커게임.

껌 웬만해선 잘 죽지 않고 끝가지 콜을 하고 따라다니는 사람. 탱크. 본드. 진드기.

꽁지 노름판에서 빌린 돈. 노름판에서 돈을 빌리는 것. 또는 돈을 빌려주는 사람.

ㄴ

낫싱(nothing) 로우바둑이에서는 A-2-3을, 일반 하이로우게임에서는 A-2-3-4를 의미.

낫싱식스(nothing six) 로우바둑이에서는 A-2-3-6을, 일반 하이로우게임에서는 A-2-3-4-6을 의미.

낮은 포복 베트콩, 콧구멍. 엎드려 쏴.

넌 플러시(non flush) 무늬가 다 다른 것.

넥스트(next) 메이드나 추라이가 서로 같을 경우, 그다음의 숫자를 의미.

노 리미트베팅(no limit betting) 매 라운드마다 언제든 자신이 가지고 있는 모든 돈을 베팅 할 수 있는 룰.

노 메이드(no made) 메이드가 완성되지 않은 상태를 의미.

노 사이즈(no size) 카드를 옆에서 쪼았을 때 아무것도 보이지 않는 숫자. A ,2, 3을 의미.

다이(die) 폴드, 드롭.

다이렉트콜(direct call) 주저 없이 하는 콜. 숨도 안 쉬고 하는 콜을 의미.

달고 간다 자신의 패가 아주 좋을 때 뒷사람을 데리고 가는 행동. 데리고 간다.

달렸다 메이드나 추라이에서 가장 높은 숫자 다음의 숫자도 가지고 있다는 의미.

데리고 간다 자신의 패가 아주 좋을 때 뒷사람을 데리고 가는 행동. 달고 간다.

되빠꾸 2단 레이즈.

뒷전 게임을 하지 않고 뒤에 있는 사람을 의미. 반대≠앞전

듀스(deuce) 2를 의미. 오리라고도 표현.

드로우포커(draw poker) 게임이 끝날 때까지 상대의 패를 한 장도 보지 않고 하는 포커게임. 깜깜이. 반대≠드로우포커

드롭(drop) 이길 자신이 없을 때 패를 꺾는 것을 의미. 보통 다이, 폴드 등

으로도 표현.

딜러(dealer) 카드를 나눠주는 사람.

떡 같은 숫자나 같은 무늬가 들어오는 것. 쫑.

람보 아주 강한 베팅으로 판을 흔드는 사람. 머신건이라고도 표현.

레이즈(raise) 상대가 베팅한 금액을 받고 그것보다 더 올려서 베팅하는 것. 빠꾸.

레인보우(rainbow) 세 장, 또는 네 장의 카드가 모두 무늬가 다른 상태를 의미.

리레이즈(reraise) 상대의 레이즈를 받고 한 번 더 레이즈를 하는 것. 2단 레이즈.

리미트베팅(limit betting) 매 라운드마다 베팅할 수 있는 금액이 정해져 있는 룰.

리버(river) 마지막 카드.

마귀 게임을 아주 잘하는 사람을 의미. 타짜, 병장, 중사, 의사, 짝대기 등으로도 표현.

마사지 1 : 1대결을 의미. 헤즈업이라고도 표현.

마킹(marking) 카드 뒷면에 표시를 하는 것.

머신건(machine gun) 람보.

메이드(made) 7탑, 8탑 등으로 완성이 된 상태를 의미.

메이드첵(made check) 메이드를 가지고 체크를 하는 행동.

메인팟(main pot) 판에 쌓여 있는 모든 돈. 본팟.

모도 본전, 또는 돈을 의미하기도 한다.

밀어내기 공갈이나 베팅, 레이즈 등으로 상대를 드롭시키려는 행동.

ㅂ

바이시클(bicycle) 휠, 퍼펙트, 골프 등으로도 표현.

박스(box) ㉠ 네 장, 또는 네 장을 바꾸는 것을 의미. ㉡ J, Q, K 등의 그림 카드를 의미. 이때는 그림, 상자곽, 영어, 왕 등으로도 표현한다.

박카스 재떨이.

방수 게임하는 플레이어들의 실력을 의미. 보통 '방수가 좋다', '방수가 지옥이네' 등으로 표현한다.

배우 사기도박을 할 때 바람잡이 역할을 하는 사람.

백기사 정상 게임을 하는 사람. 반대≠흑기사.

백지 정상 게임.

베이스(base) 바둑이게임에서 세 장으로 만들어진 족보 상태를 의미한다. 보통 추라이, 세 장 등으로도 표현.

베트콩 게임을 아주 타이트하게 운영하는 사람. 콧구멍, 낮은 포복, 엎드려 쏴 등으로도 표현한다.

베팅(betting) 게임 중에 돈을 거는 행동. 보통 빠따라고도 표현.

병장 타짜, 마귀, 중사, 의사, 짝대기.

본드 껌, 탱크, 진드기.

본방 하우스에 소속된 선수.

본팟 판에 쌓여 있는 모든 돈. 메인팟.

블랙(black) 검은색 카드를 의미.

블러핑(bluffing) 공갈, 뻥끼, 구라.

빅팟(big pot) 큰 승부.

빠꾸 레이즈.

빠따 베팅.

뻥끼 공갈, 블러핑, 구라.

뻥 상대가 베팅을 했을 때 레이즈를 할 수 있는 권리를 가지기 위해 미리 베팅하는 최소한의 돈을 베팅하는 것. 미국에는 뻥이라는 베팅 룰이 없다.

ㅅ

사대가 안 맞는다 게임이 잘 안 풀리는 상대나 장소를 의미하는 말.

사이드팟(side pot) 베팅 도중 올인된 사람이 있을 경우, 올인된 사람은 가지고 갈 수 없는 돈을 의미.

사진 인상. 보통 '탈'이라고도 표현.

상자곽 영어, 그림, 왕, 박스.

상황구라 게임 진행 상황상 누가 보더라도 인정해줄 수밖에 없는 그런 상황에서 시도하는 공갈을 의미.

새드콜(sad call) 슬픈 콜. 말 그대로 지는 것 같다고 느끼면서 하는 콜. 반대≠스마일콜.

서드(third) 세 번째로 높은 족보를 의미. 로우에선 A-2-4-5를, 하이에선 A-K-J-10을 의미.

선수 플레이어.

세컨드(second) 두 번째로 높은 족보를 의미. 로우에선 A-2-3-5를, 하이에선 A-K-Q-10을 의미.

셔플(shuffle) 처음에 카드를 섞는 것.

쇼돌이 돈을 많이 따는 것을 의미.

수술 고수가 하수들의 돈을 따는 일.

수술실 게임 테이블.

수심 낚시용어로, 물의 깊이를 나타내는 말. 플레이어들의 자금 상황. 보통, '수심은 깊냐?', '수심은 좋냐?'라는 식으로 표현한다.

스마일콜(smile call) 즐거운 콜. 아주 기분 좋게 하는 콜. 반대≠새드콜.

스윙(swing) 하이로우게임에서 하이와 로우 두 방향에서 모두 승부하겠다는 의사 표시.

스터드포커(stud poker) 정해진 규정만큼 패를 오픈하면서 하는 포커게임.

스테이(stay) 카드를 바꾸지 않는 것을 의미.

스테이집 한 장도 바꾸지 않은 사람을 의미.

쓰리사이즈(three size) 카드를 옆에서 쪼았을 때 점이 세 개 보이는 숫자. 6, 7, 8을 의미.

쓰리컷(three cut) 세 장, 또는 세 장을 바꾸는 것을 의미.

쓰리컷 스테이(three cut stay) 세 장을 바꾼 후 스테이를 하는 것.

쓰리투원(3-2-1) 바둑이게임에서 카드를 바꾸는데 제한을 두는 룰. 즉, 아침에는 세 장까지, 점심에는 두 장까지, 저녁에는 한 장만 바꿀 수 있는 룰.

ㅇ

아침 첫 번째 커트를 의미.

아침베팅 두 번째 베팅. 아침커트 후에 하는 베팅.

아침커트 전 베팅 첫 번째 베팅.

안 달렸다 메이드나 추라이에서 가장 높은 숫자 다음의 숫자는 가지고 있지 않다는 의미.

안경 8을 의미.

앞마이 게임 중에 자신의 앞에 있는 돈을 의미. 앞전이라고도 표현.

앞마이 이동 어느 한 사람 앞에 있는 돈이 한번에 모두 상대에게 넘어가는 것.

앞전 ㉠ 게임 중에 자신 앞에 있는 돈을 의미. 앞마이로도 표현. ㉡ 게임을 하는 선수를 의미. 반대≠뒷전

언더 더 건(under the gun) 총구 앞에 있다는 뜻으로, 가장 나쁜 베팅 위치를 의미.

엎드려 쏴 베트콩, 콧구멍, 낮은 포복.

엔티(enty) 게임을 시작하기 전에 모든 플레이어가 내는 돈. 보통 '학교', '학교 가기' 등으로도 표현.

엠비씨 A-2-3을 의미. 낫싱이라고도 표현.

엠비씨초 A-2-3-5를 의미. 보통 낫싱5, 세컨드 등으로도 표현.

여자 Q를 의미.

영어 그림, 상자곽, 왕, 박스.

올인(all in) 자신이 가진 돈을 모두 집어넣는 것. 또는 돈이 하나도 없음을 의미.

왕 상자곽, 영어, 그림, 박스.

의사 타짜, 마귀, 병장, 중사, 짝대기.

ㅈ

자격 특정 족보 이상 되지 않으면 돈을 가지고 갈 수 없는 룰에서 그 기준을 나타내는 족보.

재떨이 하우스에서 심부름하는 사람. 박카스라고도 부른다.

잭팟(jackpot) 큰 승리. 슬럿머신에서 터지는 잭팟의 의미.

저녁 세 번째(마지막) 커트를 의미.

저녁베팅 네 번째 베팅. 보통 마지막 베팅이라고 표현함. 저녁커트 후에 하는 베팅.

점심 두 번째 커트를 의미.

점심베팅 세 번째 베팅. 점심커트 후에 하는 베팅.

조황 낚시에서 사용하는 용어. 판의 분위기, 플레이어들의 실력이나, 지금 상황 등을 의미하는 말로써 보통 '조황이 어때?', '조황은 괜찮냐?' 등으로 표현.

중사 타짜, 마귀, 병장, 의사, 짝대기.

진검승부 실력 대결.

진드기 껌, 탱크, 본드.

진카 좋은 카드, 또는 공갈이 아닌 카드.

짜른다 카드를 바꾸는 것을 의미.

짝대기 게임을 아주 잘하는 사람을 의미. 마귀, 타짜, 병장, 중사, 의사 등으로도 표현.

쫑 같은 숫자나 무늬가 들어오는 것. 떡.

찝게 게임 판에 돈이 많이 쌓여 있을 때, 고리를 떼는 행동이나, 그 행동을 하는 사람.

ㅊ

창고 게임이 벌어지는 장소. 현장.

체크(check) 베팅을 하지 않겠다는 의사 표시.

첵레이즈(check raise) 체크를 한 사람도 레이즈를 할 수 있는 룰.

첵아웃(check out) 자신의 베팅 순서에서 무조건 체크를 할 수 없는 베팅 룰.

초 5를 의미.

초구 아침.

초이스(choice) 처음에 카드를 받았을 때 어떤 카드를 버릴지 결정하는 일.

촉 감각. 보통 촉이 빠르다, 예리하다, 깊다 등의 식으로 표현.

총알 돈.

추라이(try) 바둑이게임에서 세 장으로 만들어진 족보 상태를 의미한다. 보통 베이스, 세 장 등으로도 표현.

취직 게임에 참여하는 것.

취팅(cheating) 모든 카드를 다 받은 후, 그 카드를 한 장씩 오픈하며 하는 게임 룰.

치수구라 실력 차이가 많이 나는 사람들 사이의 게임을 가리키는 말.

ㅋ

커트(cut) 카드를 바꾸는 것. 컷이라고도 표현함.

컴퓨터(computer) 사기도박의 일종.

코를 판다 게임을 굉장히 타이트하게 하는 것을 의미.

코앞 베팅이나, 레이즈를 한 사람의 바로 뒤를 의미.

코앞에서 레이즈를 한다 베팅하고 나온 사람 바로 뒤에서 레이즈를 하는 것.

콜(call) 상대의 베팅을 받는 것. 또는 상대의 베팅을 받겠다는 의사 표시.

콜레이즈(call raise) 콜을 한 사람도 레이즈를 할 수 있는 룰.

콧구멍 베트콩, 낮은 포복, 엎드려 쏴.

타짜 게임을 아주 잘하는 사람을 의미. 마귀, 병장, 중사, 의사, 짝대기 등으로도 표현.

탄 사기도박의 한 종류로, 미리 상황이 만들어져 있는 카드목.

탈 인상. 보통 '사진'이라고도 표현.

탑(top) ㉠ 한 장, 또는 한 장을 바꾸는 것을 의미. ㉡ 그 숫자로 메이드됐음을 의미. 예) 7탑: 7로 메이드된 것을 의미한다.

탑띠기 로우바둑이게임을 의미.

탑 스테이(top stay) 한 장을 바꾼 후 스테이를 하는 것.

탑집 한 장을 바꾼 사람을 의미.

탱크 ㉠ 웬만해선 잘 죽지 않고 끝가지 콜을 하고 따라다니는 사람. 껌, 본드, 진드기 ㉡ 무작정 밀어붙이는 사람.

테이블머니(table money) ㉠ 테이블 위에 올려져 있는 돈. ㉡ 테이블 위에 올려져 있는 돈까지만 베팅할 수 있는 룰. 이때는 보통 테이블베팅, 테이블올인, 테이블스테익 등으로도 표현한다.

테이블베팅(table betting) 테이블올인, 테이블스테익, 테이블 머니.

테이블스테익(table stake) 테이블베팅, 테이블올인, 테이블 머니.

테이블올인(table allin) 테이블베팅, 테이블스테익, 테이블 머니.

투사이즈(two size) 카드를 옆에서 쪼았을 때 점이 두 개 보이는 숫자. 4, 5를 의미.

투컷(two cut) 두 장. 또는 두 장을 바꾸는 것을 의미.

투컷 스테이(two cut stay) 두 장을 바꾼 후 스테이를 하는 것.

투투원(2-2-1) 바둑이게임에서 카드를 바꾸는 데 제한을 두는 룰. 즉, 아침에는 두 장까지, 점심에도 두 장까지, 저녁에는 한 장만 바꿀 수 있는 룰.

파인애플(pineapple) 처음에 서비스 카드를 주는 룰.

판데기 ㉠ 게임 테이블을 의미. 보통, '판데기를 뜯는다', '판데기를 쪼갠다'라는 식으로 돈을 많이 따는 것을 의미한다. ㉡ 판에 쌓여 있는 돈을 의미. 보통 '판데기가 좋다'라고 하여 판에 돈이 많이 쌓여 있거나, 또는 멤버들이 돈을 많이 가지고 있는 것을 의미한다.

팟(pot) 판에 쌓여 있는 돈을 의미.

팟리미트(pot limit) 바닥에 쌓여 있는 금액까지 베팅할 수 있는 룰. 풀베팅이라고도 한다.

패턴스테이(pattern stay) 처음에 패를 받고 바로 스테이를 하는 것.

퍼펙트(perfect) A-2-3-4를 의미. 휠, 바이시클, 골프 등으로도 표현. 가끔 '다 더해서 텐'이라고 재미있게 표현하는 사람도 있음.

포사이즈(four size) 카드를 옆에서 쪼았을 때 점이 네 개 보이는 숫자. 9, 10을 의미.

폴드(fold) 드롭, 다이.

플러시(flush) 무늬가 다 같은 것.

플레이어(player) 핸디, 선수.

핑크(pink) 빨간색 카드를 의미.

하우스(house) 포커게임을 하는 장소

하우스장 하우스의 주인.

하자 문제.

하프(half) 판에 쌓인 금액의 절반을 의미. 또는 그 금액을 베팅하는 행동을 의미.

하프베팅(half betting) 판에 쌓인 돈의 절판까지 베팅할 수 있는 룰.

학교 엔티

핸디(handy) 플레이어, 선수.

헤즈업(heads up) 1:1대결을 의미. 마사지.

현장 게임이 벌어지는 장소. 창고라고도 표현.

환자 게임을 아주 좋아하는 사람. 그중에서도 특히 하수를 의미.

휘젓는다 흔든다.

휠(wheel) 퍼펙트, 바이시클, 골프 등으로도 표현.

휠추라이(wheel try) ㉠ 휠을 노리는 추라이. 즉, A-2-3, A-2-4, A-3-4, 2-3-4 등의 추라이. ㉡ 은어로 인상이 좋은 사람, 잘생긴 사람을 의미하기도 한다. 반대≠9탑 추라이

흑기사 사기도박을 하는 사람. 반대≠백기사.

흔든다 베팅을 거세게 하는 것을 의미. 보통 휘젓는다고도 표현함.

히든(hidden) 마지막, 또는 마지막에 받는 카드를 의미. 또는 감춰진 카드.

기타

2단 레이즈 상대의 레이즈를 받고 한 번 더 레이즈를 하는 것. 리레이즈.

3단 레이즈 상대의 2단 레이즈를 받고 한 번 더 레이즈를 하는 것.

3장 바둑이게임에서 세 장으로 만들어진 족보 상태를 의미한다. 보통 추라이, 베이스 등으로도 표현.

4포 네 명이 하는 게임.

5포 다섯 명이 하는 게임.

6포 여섯 명이 하는 게임.

9탑 추라이(9 top try) ㉠ 9탑을 노리는 추라이. 보통 나쁜 추라이를 의미한

다. ⓛ 은어로서 인상이 나쁜 사람, 못생긴 사람을 의미하기도 한다. 반대≠ 휠추라이